시민이 만드는

교육혁명으로 가는 길: 김태정

KB169385

시민이 만드는 교육 대전환

교육혁명으로 가는 길: 김태정이 묻고 심성보가 답하다

초판 1쇄 인쇄 2022년 5월 1일
초판 1쇄 발행 2022년 5월 15일

지은이 심성보, 김태정
펴낸이 김승희
펴낸곳 도서출판 살림터

기획 정광일
편집 조현주, 송승호
북디자인 이순민

인쇄.제본 (주)신화프린팅
종이 (주)명동지류

주소 서울시 양천구 목동동로 293 22층 2215-1호
전화 02) 3141-6553
팩스 02) 3141-6555
출판등록 2008년 3월 18일 제313-1990-12호
이메일 gwang80@hanmail.net
블로그 https://blog.naver.com/dkffk1020

ISBN 979-11-5930-224-4 03370

가격은 뒤표지에 있습니다.
못된 책은 바꾸어 드립니다.
책은 저작권법의 보호를 받는 저작물이므로 무단전재와 복제를 금합니다.

교육혁명으로 가는 길

김태정이 묻고 심성보가 답하다

시민이 만드는 교육 대전환

심성보·김태정 지음

살림터

차 례

출간에 부쳐

시민의 손으로 만드는 한국 교육의 대전환! _김태정 ▸ 6

사회 대전환을 위한 교육의 대전환을 설계하자! _심성보 ▸ 12

1장 문재인정부의 교육정책을 돌아본다 ▸ 33

문재인정부 교육정책을 돌아보며 ▸ 45

2장 학교와 마을의 상생, 어떻게 가능한가? ▸ 49

마을교육공동체가 우리 사회의 미래입니다 ▸ 62

3장 대학서열체제, 입시경쟁교육 해소, 어떻게 가능한가? ▸ 69

대학서열체제, 입시경쟁교육 해소를 위해 함께 힘을 모읍시다! ▸ 86

4장 영유아 교육과 보육의 공공성 실현, 어떻게 가능한가? ▸ 93

국가가 책임지는 영유아 보육과 교육이 절실합니다! ▸ 103

5장 평생교육 활성화, 어떻게 가능한가? ▸ 109

평생교육의 새로운 지향을 위하여 ▸▸ 123

6장 **직업교육 개혁, 어떻게 가능한가?** ▸ 129

한국 사회의 대전환을 위한 직업교육을 위하여 ▸ 147

7장 **대안교육 활성화, 어떻게 가능한가?** ▸ 153

대안교육 활성화 방안을 위하여 ▸ 166

보론

2022 한국 교육 대전환 선언 ▸ 172

마을교육공동체운동으로 한국 교육 대전환을 이루자! ▸ 177

특별기고

마을교육공동체와 미래 학교의 다양한 모델 그리고 미래교육과의 연계 _심성보 ▸ 183

시민의 손으로 만드는 한국 교육의 대전환!

- 김태정 마을교육공동체포럼 정책위원장, 한국교육개혁전략포럼 조직위원장

2022년은 대통령 선거와 지방자치단체장 선거가 함께 있는 해이다. 이는 박근혜정부가 국정농단으로 무너지면서 발생한 결과이다. 촛불항쟁으로 박근혜 씨는 임기를 다 채우지 못했고, 지방자치단체장 선거와 대통령 선거를 올해 같이 치르게 된 것이다.

어떤 이들은 '국가는 지배계급의 위원회에 불과하다'고 하면서, 선거를 통한 집권과 사회 변화를 냉소적으로 대할지 모르나, 누가 중앙정부와 지방정부(지방자치단체)의 권력을 갖는지에 따라 국민들의 삶의 처지가 달라지는 것은 부정할 수 없는 현실이다.

1987년 민주화 항쟁으로 대통령 직선제가 부활하고, 1991년에 지방자치단체장 선거도 부활했다. 2010년에는 교육감도 직선으로 선출하게 되었으나, 여전히 한국 사회의 민주주의는 한계가 많다. 정치적 측면에서 절차적, 형식적 민주주의는 그 틀을 나시 갖추었으나 거대 양당 구조로 인해 다양한 정치적 입장이 경합하는 다원적 민주주의에 도달하지 못하고 있다. 유

권자들의 표가 사장되지 않도록 하는 '정당명부 비례대표제'도 제대로 도입하지 못했다. 18세 참정권이 보장되고, 16세 이상 정당 가입도 가능해졌지만 교사를 포함한 공무원들의 정치기본권은 보장받지 못하고 있다.

나는 교육운동에 투신한 이후 몇 번의 대선과 지방선거에 참여하였다. 'WTO 교육개방저지와 교육공공성실현을 위한 범국민교육연대'에서 활동하면서 2007년 대선이 있던 해에 '입시폐지 대학평준화 운동'에 함께하였다. 2012년 대선 국면에는 '대한민국교육혁명 조직위원회' 구성에 참여했고, 조직위원장 역할을 하면서 『대한민국 교육혁명』 공저자로 전국 순회토론회와 전국을 걷는 교육혁명 대장정을 전개하였다. 2017년에는 대선을 앞두고 '새로운 교육체제 수립을 위한 사회적교육위원회'에 참여하였다. 2017년 대선에서 당시 문재인 대통령 후보는 공영형 사립대, 대학네트워크를 통한 대학서열 해소 등을 공약에 담았다.

또한 지방자치단체장 선거, 특히 교육감 선거에도 참여하였다. 2010년 서울의 '민주진보교육감 추대위원회'에서 공동정책본부장으로 활동하였으며, 2014년에는 인천 '민주진보교육감 이청연 후보 선대위' 정책본부장을 맡았고, 2018년에는 인천 '민주진보교육감 도성훈 후보 선거운동본부' 정책본부장으로 일하였다.

이러한 경험을 통해서 배운 것은 공약과 정책은 시민들의 참여를 통해서 만들어져야 한다는 것이다. 이는 선출직 후보자들이 시민사회 대표라고 자임하는 몇몇 사람들의 의견을 청취하여 공약과 정책을 만드는 것을 말하는 게 아니다. 중요한 것은 시민들이 공약과 정책을 직접 제안하고, 시민의 대표, 국민의 대표가 되고자 하는 사람들은 그 제안을 적극적으로 수용하는 것이다. 물론 시민사회에서 제안하는 내용이 반드시 올바른 것은 아닐 수 있다. 때로는 이익집단들이 압력을 행사하기도 하며, 그 결과 공약과 정책이라는 이름으로 국민 다수의 보편적 이해에 반하는 내용이 들어가기도 한다. 예를 들어 일제고사, 대학입시에서의 정시 확대와 같은 공약은 사교육업체의 이해와 분리될 수 없을 것이다. 따라서 공약과 정책에는 기준이 필요하다. 그 준거는 '공약과 정책이 우리 사회 보편적 다수의 이익을 대변하고 있는가?' 동시에 '우리 사회의 민주적이고 진보적인 변화를 가져올 수 있는가?'이다.

현재까지 우리나라의 정치 지형은 민주주의와는 거리가 멀다. 시민들은 거대 양당 간 싸움판의 구경꾼이며, 선출직 후보들은 시민의 입장에서는 게임의 플레이어처럼 여겨진다. 동시에 싸움판의 선수(플레이어) 입장에서는 시민들은 정치의 주체가 아니라 동원 혹은 현혹시켜야 할 대상으로 취급한다. 즉, 시민들은 획득해야 할 표에 불과하다. 이렇게 지지하는 사람과 지지받는 사람 모두가 서로를 대상화하고 소비한다.

어떻게 하면 이런 왜곡된 지형을 바꿀 수 있을까? 승자 독식 구조의 선거법도 바꾸어야 하고, 교사 및 공무원의 정치기본권도 보장해야 하고, 가짜 뉴스를 만들고 유포하는 사람들에 대한 엄정한 처벌도 필요할 것이다. 동시에 시민들이 우리의 삶에 직접 영향을 미치는 사안들에 대해 정책 제안을 하는 아래로부터의 운동이 필요할 것이다.

이러한 문제의식으로, 한국교육개혁전략포럼, 마을교육공동체포럼, 한국교육연구네트워크 등은 시민의 손으로 만드는 한국교육대전환선언운동과 순회토론회를 전개하고 있다. 2021년 8월 21일 한국 교육 대전환 선언과 온라인 대제전을 제안한 후, 그 뒤로 전국을 돌면서 유아교육에서부터 대학교육, 평생교육, 직업교육, 대안교육, 마을교육공동체 등 다양한 주제를 가지고 현장에서 활동하는 사람들, 시민들이 직접 정책 제안을 하는 공론의 장을 만들어 왔다. 이 같은 실천 활동은 앞으로도 계속될 예정이다. 특히 다양한 교육 주체들과 소통하면서 선언운동 등을 지속할 예정이다.

이 책은 2021년 8월부터 2022년 1월까지 6개월 동안 전국을 순회하며 나온 현장의 이야기, 시민들의 목소리를 담은 것이다. 즉, 시민들이 직접 한국 교육 대전환을 제안하는 내용을 모았다. 독자들의 가독성을 높이기 위해 이 사업을 실무적으로 총괄해 온 필자가 순회토론회에서 발표된 내용을 요약 정리하고, 순회토론회를 함께한 한국 교육의 석학이자 실천적 이론가이며 교육개혁운동의 동지인 심성보 교수님과 대담을 하는 방식으로 구성하였다.

이 책은 두 명이 집필하였으나, 그 과정은 집단 창작물이라고 할 수 있다. 특히, 지난 6개월 동안 헌신적으로 함께해 온 한국교육개혁전략포럼 김보규 홍보위원장님, 유성상 운영위원장님, 안승문 전략위원장님, 김영연 사무총장님, 박형보 운영위원님, 마을교육공동체포럼 유호성 사무국장님의 수고가 없었다면 시민의 손으로 만드는 한국교육대전환선언운동과 순회토론회는 진행 자체가 불가능했을 것이다. 지면을 빌려 깊은 감사의 인사를 드린다. 또한 이 책은 극히 짧은 시간 안에 만든 기록물의 성격을 띠는지라 분명한 한계도 있을 것이다. 그럼에도 만일 이 책에 오류가 있다면 이는 전적으로 이 책을 기획한 필자의 불찰이라는 점을 미리 밝혀 둔다.

공약과 정책이 현장과 유리된 채, 소수의 지식인과 관료 그리고 정치인들에 의해 만들어지는 관행은 이제 극복되어야 한다. 특히 교육정책은 교육현장에서 일하는 사람들, 학생들, 학부모들, 시민들의 목소리에 근거해야 한다. 하지만 작금의 상황을 보면 안타깝기 그지없다. 나라를 위해, 국민을 위해 나섰다는 사람들이 실상은 입시경쟁으로 고통받는 학생들의 비명, 사교육비로 등허리가 휜 학부모들의 신음, 학벌에 따른 차별로 소외되는 청년들의 분노, 소멸해 가는 지방의 절규를 듣지 못하거나 외면하면서 대중의 욕망에 굴종하는 형편없는 이야기들을 남발하고 있는 것 같다.

정말 대한민국의 지속가능한 발전을 위한다면 시민들의 목소리에 귀를 기울여야 한다. 대한민국이 민주공화국이고 대한민국의 주권이 국민에게 있다면, 시민의 손으로 만드는 한국교육대전환선언운동과 순회토론회에 나온 정책 제안들을 겸허하게 받아들여야 한다. 지금이라도 늦지 않았으니, 시민들이 제안하는 한국 교육 대전환의 방안을 적극적으로 수용해야 할 것이다. 아마도 이 책이 출간될 시점은 2022 대통령 선거가 끝난 이후일 것이다. 어떤 후보가 대통령이 되는가에 따라 대한민국 교육의 향방에 큰 영향을 미칠 것은 분명하다. 그러나 그것이 현장의 목소리에 근거하지 않거나 반하는 것이라면, 이는 대한민국 전체 특히 국민 모두에게 큰 불행이 될 것이다.

대통령 선거 이후에는 지방자치단체장 선거가 치러질 예정이다. 중앙정부의 교육정책도 중요하지만 교육청과 광역 및 기초지방자치단체의 교육정책도 매우 중요하다. 교육의 책무, 아동·청소년의 성장과 발달을 지원하는 책무는 교육감에게만 있지 않고, 광역 및 기초지방자치단체에도 있기 때문이다. 이런 점에서 이 책에 담긴 현장의 목소리가 한국 교육의 변화와 한국 교육의 대전환을 위한 이정표 혹은 나침반으로 기여할 것이라 굳게 믿는다.

사회 대전환을 위한 교육의 대전환을 설계하자!

- 심성보 한국교육개혁전략포럼 상임대표, 마을교육공동체포럼 상임대표

시대정신과 교육혁명

한국 사회는 그동안 고도 압축적 경제 성장을 거두었지만, 신자유주의의 과도한 도입으로 불평등과 양극화를 심화시켰다. 우리는 지금 일제 강점기, 분단, 전쟁, 가난, 군사독재를 뚫고 오늘의 G7, IT 강국으로 떠오른 대한민국, BTS로 상징되는 문화강국, 그리고 촛불민주주의의 모범국으로 부상한 대한민국을 맞이하고 있다. 한편 우리는 지금 환경 불안, 사회 불안, 안전 불안, 교육 불안 등 불안의 시대에 처해 있다. 불확실성 증대에 따른 불안이 가중되고, 말초적인 자극, 쾌락, 게임, 그 안락을 박탈당했을 때의 공포로 인해 순응적 태도를 보이는 청소년도 많다. 각자도생으로 상호의존과 배려심이 사라지는 아노미 현상도 보이며, 무한경쟁으로 인한 열패감은 희생양을 만드는 혐오 현상을 부추기고 있다.

설상가상으로 경쟁과 서열을 기조로 하는 신자유주의적 세계화는 코로

나 바이러스를 전 세계적으로 확산시킨 거대한 진원지가 되고 있다. 기후위기와 코로나19 등 자연의 대역습으로 전 세계가 문명 대전환의 갈림길에서 있다. 전 세계에 휘몰아치고 있는 신종 코로나 바이러스 사태, 인공지능을 비롯한 과학·기술 분야의 혁명적 변화 등을 마주하고 있다. '모두가 안전하지 않으면 누구도 안전하지 않다'는 각자도생 사회의 한계를 절감하면서 코로나 사태의 발흥으로 전 세계가 사회 대전환의 갈림길에 놓여 있다. '먹고 사는' 산업사회에서 '죽고 사는' 생태사회로의 전환을 요구받고 있는 것이다.

따라서 우리는 기후위기와 생태적 비상사태가 초래한 지구적 위기에서 교훈을 얻어 미래 사회와 교육의 청사진을 설계해야만 한다. 이미 도래한 4차 산업혁명에도 능동적으로 대처해야 한다. AI, 자동화 및 로봇 공학과 같은 기술 발전은 새로운 일자리를 창출하지만 많은 일자리를 대체할 것이며, 이 과정에서 일자리를 잃은 사람들은 새로운 기회를 잡을 준비가 가장 부족한 사람들일 수 있다.

그러기에 사회적으로 정의롭고 지속가능한 미래 문명, 즉 생태적 문명을 준비하는 대안적 교육체제를 마련해야 한다. 코로나가 생물학적이고 의학적인 사태인 동시에 문명의 총체적 문제들이 드러난 산업문명의 부산물임을 분명히 인식해야 한다. 1995년 5·31 교육개혁 이후 신자유주의적 프로젝트가 국가교육정책의 주류를 형성해 왔는데, 이제는 생태적 신문명 프로젝트로 전환되어야 한다. 포스트휴먼 시대에는 사람과 사람, 사람과 자연의 관계를 적대적 관계가 아니라 공생적 관계로 설정해야 한다. 20세기의 혁명은 생산력의 주인이 그에 상응한 대접을 받고자 하는 투쟁이었지만, 21세기의 혁명은 핀셋으로 계급·계층의 문제를 적출하는 방식으로는 다양한 모순을 해결하기 어렵다.

무엇보다 교육혁명은 교육제도만의 일이 아니다. 교육혁명은 교육제도나 학교정책만의 문제가 아니다. 개인과 제도는 서로를 뒷받침해야 한다. 시민들의 의지가 있어야 제도가 유지될 수 있으며, 제도는 합리적이고 바람직한 시민에 관한 규범을 구체화하고 교육하는 역할을 해야 한다. 교육 대전환의 핵심은 새로운 삶의 방식, 새로운 사회 운영 시스템을 구축하는 것이다. 사회의 대전환을 위해서는 단지 각개 정책을 바꾸는 것을 넘어 사람 및 구조의 변화가 상호작용하여 커다란 파급 효과를 내야 한다. 사람이 사회를 만들고, 사회가 사람을 만들 수 있는 호환적 시스템을 갖추어야 한다. 이런 시스템의 구축을 위해서는 개인-사회-국가 사이의 조화와 균형을 찾아야 한다.

교육혁명은 어려움에 처해 있는 보건복지 서비스를 지원하고, 국가 차원의 복지정책과 연동시켜 노동-복지-교육-보육-주거를 함께 작동시켜야 한다. 주택, 건강과 교통정책, 고용과 노동시장, 소득 지원과 복지 혜택 등은 어린이와 젊은이들의 일상적 삶과 그들의 삶의 기회 모두에 심대한 영향을 미치기 때문이다. 학교는 어린이와 젊은이들을 지원하기 위한 보건복지 서비스의 통합, 변화를 일으키는 고된 지적 작업을 수행할 수 있는 허가와 자원 등 물질적 지원이 추가적으로 요구되는 등 국가 전체의 복지정책과 연동되어야 한다. 교육혁명은 개인과 개인, 개인과 지역사회, 개인과 국가, 사람과 노동, 시민과 역사, 인간과 자연의 관계를 다시 짜는 일이다.

교육혁명의 방향은 크게 경제적·사회적·문화적 이동과 함께 교육정책 의제에 의해 추동되는 사회 변화의 조건을 영구적으로 형성하는 학교혁명을 추구해야 한다. 교육혁명은 시냇물, 지류가 모여서 강이 되고 다시 거대한 바다를 이루는 과정과도 같다. 강물은 오늘도 흐르고 내일도 흐른다. 흘러야 강물이다. 교육혁명도 강물처럼 끊임없이 흐른다. 교육구조를 포함한 사회구조의 벽을 허무는 작은 틈새와 점진적 변화는 혁명적 변화를 위한 작은 촉매제이다. 교육혁명은 단칼의 승부가 아니다. 교육혁명이 시냇물에서 바다에 이르는 과정은 수많은 욕망이 합쳐지고 여과되는 과정이기도 하다. 그래서 교육혁명은 지속성이 중요하다. 오랜 시간이 필요한 교육혁명은 무엇보다 지속성을 담아낼 거대한 그릇을 준비해야 한다.

물론 그 그릇의 형태는 시대에 따라 달라질 것이다. 산업화 시대에는 긴장이 요구되는 그릇이 필요했지만, 공생을 추구하는 21세기에는 느슨하지만 거대한 연대의 그릇이 필요하다. 우리는 지금 그 그릇을 빚어 문명 대전환을 이루어 낼 주체자로서 대안적 운동을 적극적으로 벌여야 한다. 대안적 교육체제를 만들어 낼 수 있는 주체가 형성되어야 한다. 다양한 영역 간의 연구와 협업 체계를 상시적으로 구축할 수 있는 교육의 재설계이자 사회의 재설계가 가능한 연계적 프로젝트가 요구된다.

생산력의 변화에 따라 나침반도 변한다. 교육은 삶의 나침반 같은 것이다. 과거의 교육이 서바이벌 방식의 나침반이었다면, 미래교육은 더욱 성숙한 시민상을 제시해 주는 나침반이 되어야 한다. 시장제일주의, 성장만능주의, 개인환원주의, 낡은 이데올로기에 대해 질문을 던질 수 있는 새로운 나침반이 필요하다. 새로운 나침반이 필요하다는 것은 '시대정신'이 바뀌었음을 뜻한다. 새로운 시대정신은 새로운 삶의 방식을 선언하고 실천하는 교육혁명에서 나온다. AI도 나침반이 없으면 물신화되어서 결국 '괴물'이 되고 말 것이다. 이제 우리의 교육혁명은 교육 패턴(밑그림)을 바꾸는 길로 나아가야 한다. 교육의 밑그림을 바꾸려면 교육과 학습의 균형, 지역사회와의 연결, 교육에 대한 사회적 인식, 삶의 방식, 생태적 환경 등으로 체제 구성을 바꿔야 한다. 학교는 삶의 세 영역, 즉 가정의 삶, 직업적 삶, 시민적 삶의 욕구를 다루는 다목적 공간이 되어야 한다. 학교교육은 목적을 인간(개인)의 형성, 일터(직장) 세계에 대한 준비, 사회 변화와 정의의 증진에 두어야 한다.

또한 가정과 일터의 세계 사이의 중간지대에 놓인 '학교' 공간을 새롭게 위치시켜야 한다. 학교는 더 큰 교육생태계의 중심 기둥이며, 학교의 활력은 공적 인간 활동으로서 교육과 아동 및 청소년에 대한 사회적 약속의 표현이다. 학교는 학교가 지원하는 포용성, 형평성, 개인과 집단의 웰빙 때문에 교육 장소로 보호되어야 하며, 더욱 공정하고 공평하며 지속가능한 미래를 향한 세상의 변화를 더 잘 촉진하도록 재구성되어야 한다. 학교혁명은 사회적·문화적·경제적 이동, 그리고 정책 의제에 의해 추동되는 계속적인 변혁의 상태에 놓이도록 하는 학교의 혁신을 추구해야 한다.

권위의 시간과 교육의 대전환

한국 역사의 민주주의에는 피와 눈물이 배어 있다. 헤아릴 수 없는 사람들의 희생을 통해 좌절의 절망과 고통을 견디며, 조금씩 느리게 민주주의를 쌓아 오다가 1987년 6월 항쟁에 다가갔고 촛불혁명에까지 이르렀던 것이다. 인간이 그러하듯 민주주의도 불완전한 생명체이다. 민주주의는 개인의 욕망과 공동체의 욕망 사이에서 늘 위태로웠다. 그래서 민주주의는 지금 여기에 있으면서 동시에 현실 너머 저쪽에 있었다. 촛불 시민들이 광장에서 꿈꾼 것은 잘못 선출된 권력에 의해 너덜너덜해진 민주주의 너머에 있는 민주주의였다. 촛불 시민들이 희구한 것은 훼손되지 않는 민주주의다. 민주주의의 훼손은 주권자의 존엄성이 훼손되었음을 뜻하기 때문이다. 촛불혁명은 유권자의 존엄성을 되찾는 역사적 행위였고, 그 행위를 통해 우리가 바라는 '사람다운 삶'은 민주주의를 통해 이루어진다는 사실을 다시금 절실히 깨달았다. 이 깨달음을 소중히 지켜야 하는 것은 신냉전과 극우 포퓰리즘, 코로나 팬데믹과 기후위기 등 갈수록 위험해지는 세계 속에서 민주주의의 역할이 그만큼 커졌기 때문이다.

그런데 촛불혁명 이후 교육 질서의 큰 변화가 만들어지지 못했다. 그래서 한국 교육은 위기다. 혼돈과 공백의 인터레그넘(궐위 시간/공백기)[1]이 길어지면 반동 국면이 조성될 가능성이 있기에 미래 사회에 대한 과학적 전망의 설정과 함께 그것에 도달하는 실행 경로를 치밀하게 준비하지 않으면 안 된다. 구질서에서 신질서로의 거대한 전환은 그만큼 힘든 노력과 실천, 때로는 투쟁을 요구한다. 우리 사회에서 낡은 질서는 어느 정도 사라지고 있지만, 아직 새로운 질서가 본격적으로 드러나지 않은 궐위의 시간이 길어지는 국면에 처해 있다. 역사적 시간 가운데는 역사의 분기점으로 작용했던 파괴의 순간이나 변혁의 순간이 있다. 어떤 시간 속에서 역사는 진전했고, 어떤 시간 속에서의 역사는 다시 퇴행했다. 그 속에서 우리는 적잖은 궐위의 시간을 경험하였다.

이제 우리는 미래의 불확실성을 줄여 궐위/공백 시간을 단축시켜야 한다. 이를 위한 정의롭고 행복한 생태복지국가의 새판 짜기를 도모하는 담대한 전환의 교육정치가 필요하다. 오늘 우리가 맞은 아직 쓰이지 않은 이 시간도 숱하게 흘려보낸 '궐위의 시간들' 위에 서 있는 것일 수 있다. 이 시간이 위태로운 공백기일 수 있지만, 놓쳐 버린 역사를 새롭게 쓸 도전적 기

1) 신성로마제국의 황제 공석 시대(1254~1273년)와 같이 최고 권력의 공백 상태를 가리키는 interregnum(an interval between two reigns)이 돌아오는 징후가 곳곳에 나타나고 있다. 그람시는 이를 '포괄적인 사회적인 격변기'라고 하였다. 인터레그넘은 '정권과 정권 사이'의 의미로 쓰이기도 하는데, 역사적으로는 왕이나 교황 등 '최고지도자 부재 기간'을 일컫는다. '궐위'란 로마법에서 최고 권력의 공백 상태 또는 헌정의 중단을 가리키는 말로, 통치하던 왕이 죽었으나 아직 새로운 왕이 즉위하기 전의 상태, 즉 '왕위 공백기'란 뜻인데, 민주주의 시대의 통치권 공백기라고 할 수 있다. 무페는 최근 유행하고 있는 궐위/공백 상황을 '포퓰리즘적 계기'라고 이름 붙였다.

회가 될 수도 있다. 코로나 사태 또한 역설적으로 하늘이 내린 경고로서 생태적 위기를 문명 전환의 기회로 삼는 교훈의 메시지라고도 생각할 수 있다.

그렇다면 촛불혁명과 코로나 팬데믹 이후를 준비하는 교육대전환운동은 단지 '정권 교체'에 머무는 것이 아니라, '시대 교체'와 '세상 교체', 그리고 '일상생활의 교체'로까지 나아가야 한다. 이제 새로이 도래할 미래교육의 주체를 탄생시키는 한국교육대전환운동을 벌일 때가 되었다. 우리는 사회 변혁의 과제를 한국 교육의 대전환으로 풀어야 한다.

아직은 경제적으로 더 성장해야 한다고 믿는 우리의 처지에서는 당장 성숙사회로의 이행이 쉽지 않지만, '성숙사회'로 이동해야 한다. 성숙사회는 효율성과 능력주의에 기반을 둔 국가 주도의 경제적 성장주의에서 벗어나려는 사회이다. 각 개인의 처지에 맞게 성장의 기회를 주는 형평성, 사회적 신뢰나 연대, 건강의 증진 같은 사회적 가치를 추구한다. 생물다양성 보존과 기후변화 대응에도 적극적인 사회다. 성숙사회가 성장사회에 짓눌려 새로운 선택지로 등장하지 않는다면, 우리는 지금껏 하던 대로 살 수밖에 없다. 화분의 작은 씨앗이 싹을 틔우는 것, 학생이 선생의 학문을 넘어서는 것, 낡은 사회적 통념이 깨지는 것도 성장의 즐거움이다. 따라서 성숙사회의 과제는 성장사회가 잃어버린 개인의 행복 능력, 놀이와 여가, 다양성을 회복하는 것이다.

누구나 어떤 면에서는 장애를 안고 있다고 할 수 있는 사람들이 함께 '종은 사회'를 형성하고자 할 때, 삶이란 불완전하고 불확실하다는 사실을 솔직하게 받아들이는 데에서 시작해야 한다. 좋은 사회는 공교육과 일반적인 공적 제도의 설계, 공적 문화를 통해 이러한 능력을 더욱 증진시킬 수 있고, 이를 바탕으로 불평등하고 위계적인 사회관계의 형성을 줄일 수 있어야 한다. 좋은 사회의 건설은 시민들 스스로 낡은 관성, 타성, 관습까지 바꿔 내야 가능한 일이다. 우리 사회에서는 제도의 부조리를 해결해야 하는 과제도 적지 않지만, 일상의 파시즘, 그리고 내 안에 깊숙이 들어 있는 마음과 태도의 관료화를 척결하는 과제도 매우 중요하다. 이것은 시민성 형성과 연동된 문제이기도 한데, 이는 제도의 민주주의를 넘어 삶의 양식으로 민주주의를 강조한 듀이의 관점과 통한다. 삶의 양식이 형성되어야 민주주의의 문화적 토대가 튼튼해질 수 있다.

우리는 삶의 곳곳에서 작은 공동체의 맹아가 발아될 수 있는 문화적 진지를 동네 저변에 공고하게 구축해야 한다. 루소와 밀은 공정한 제도가 안정되려면 시민들의 심리 상태가 뒷받침되어야 한다고 보았다. 두 사람은 인간의 평등에 커다란 관심을 갖는 사회의 형성에서 교육의 역할을 중시했다. 제도는 실제 사람들의 심리 상태가 뒷받침될 때 유지될 수 있지만, 이성적인 시민과 그러한 시민의 적절한 역할에 대한 규범을 통해 정치적 심리 상태를 구체화하고 교육하며 표현하는 역할을 해야 한다.

그람시나 프레이리가 훈련보다 '형성(formation/formação/Bildung)'을 강조한 것은 '형성적 문화' 없이는 민주주의가 지속될 수 없다는 강한 문제의식의 발로이기도 하다. 제도와 법이 무너지지 않게 하려면, 문화민주주의가 공고하게 받쳐 주어야 한다. 교육과정은 문화민주주의의 핵심적 내용이기도 하다. 제도 혁신과 문화 혁신이 분리되어서는 안 되는 이유가 여기에 있다. 이제 우리는 기존 교육의 늪에서 탈출할 수 있는 진보교육의 새로운 진지를 구축해야 한다.

새로운 교육정치를 위해 권력과 시민사회, 두 영역의 '이중적 민주화'가 필요하다. 우리의 열망과 선택 그리고 쉼 없는 실천만이 더 나은 교육, 더 나은 삶, 더 나은 세상을 창조할 것이다. 우리의 교육혁명운동은 촛불혁명을 통한 민주주의 심화와 더불어 코로나 바이러스 발흥으로 인한 생태주의 구현이라는 두 가지 큰 시대적 과제를 동시에 짊어져야 한다. 이러한 시대적 과제를 해결하기 위해 '정의로운 사회'와 함께 '품위 있는 사회'를 구현해야 한다. 이를 위해 '정의로운 사람'과 '품위 있는 사람'을 길러 내야 한다. 특히 AI와 로봇이 인간을 대신하는 세상에서 전인적 인간형을 출현시키는 '전인적 시민교육'의 중요성은 더욱 강조되어야 한다.

사회와 교육의 대전환이란 생태적 회복, 인격적 회복, 자존감 회복, 관계성 회복, 인간의 존엄성 회복, 인권 회복, 공동체성 회복, 정의 회복, 시민성 회복, 폭력·전쟁에서 평화의 회복, 빈곤과 양극화 극복, 재난위기 극복 등을 위한 지속가능한 사회를 지향해야 한다. 사회 및 교육의 교체는 사람을 대하는 태도, 시민과 시민, 개인과 세계의 관계 맺는 방식, 일하는 방식, 욕망을 표현·성취하는 방식, 의사결정 시스템을 바꾸는 것이다. 시민사회 스스로 낡은 생활 적폐 해소를 위한 근력의 확충, 생태 전환적인 삶의 방식 정착, 시민사회와의 실질적인 거버넌스 활성화 등 삶의 방식이 변화해야 한다.

무엇보다 촛불혁명의 민주주의 과제와 코로나 이후의 생태주의 과제와 함께 대학서열체제 해소가 준비되어야 한다. 사람이 사회를 만들고, 사회가 사람을 만들 수 있는 호환적 시스템을 갖추어야 한다. 교육혁명이 사회혁명인 이유가 여기에 있다. 자아혁명과 세상혁명이 분리되어서는 안 된다. 교육의 대전환은 양자의 융합에 있다.

이제 새로운 사회체제와 교육체제가 상호작용하며 의존하는 다양한 형태의 '변혁적 교육학(transformative pedagogy)'이 요구된다. 우리에게는 새로운 교육학, 교육과정에 대한 새로운 접근 방식, 교사에 대한 재약속, 학교에 대한 새로운 비전, 교육 시기와 공간에 대한 새로운 인식이 필요하다. 교육학은 존재하는 것과 건설할 수 있는 것에 기반을 둔 변혁적 만남을 만드는 작업이다. 이런 작업이 우리가 이미 가진 것을 없애야 한다는 것을 의미하지는 않는다. 우리는 최고의 교육학 및 교육 전통을 검토하고 그 유산을 새롭게 하면서 인류와 살아 있는 행성의 상호 연결된 미래를 형성하는 데 도움이 될 유망한 새로운 요소를 추가해야 한다. 변혁적 교육학은 오랫동안 지속되어 온 배제와 개인주의적 경쟁 방식을 대체하여 협력과 연대의 원칙을 중심으로 이루어져야 한다. 변혁적 교육학은 또한 전 세계의 인종차별, 성차별, 식민주의, 권위주의 정권에 의해 가해지는 체계적인 배제, 축출을 인식하고 시정해야 한다. 교육과정 참여 형태는 통합과 해방을 목표로 해야 한다. 여기서 교사 간 협력 구조와 교사, 학교와 지역사회와의 연결, 교육정책과 교육문제를 둘러싼 토론과 의사결정 참여가 매우 중요하다.

코로나 팬데믹은 문명의 대전환을 예고하는 관점으로 바라보아야 한다. 이제 인간과 자연이 공생하는 생태적 전환을 위한 교육이 미래교육의 대안이 되어야 한다. 사회 대전환을 위한 교육 대전환은 새로운 사회와 새로운 문명으로 나아가야 한다. 코로나19가 촉발한 비상사태는 팬데믹 시기에 얻은 교훈을 통해 해법을 찾아야 한다. 따라서 지식 체제와 학술정책의 전면적 수정은 필연적이다.

우리는 지금 사회의 대전환을 위해 교육의 대전환을 해야 하는 중대한 선택의 갈림길에 서 있다. 지금 한국 사회는 지속가능한 미래, 정의롭고 민주적인 삶, 그리고 평화로운 대안적 삶을 위해 거대한 사회변혁과 연동된 교육 대전환을 위한 체계도를 설계하면서 실천하는 교육의 대전환이 필요하다. 교육은 사회변혁의 핵심적 전략이자 경로이다. 교육의 변혁을 통해 후속 세대를 변혁적 주체로 길러 내야 한다. 학교의 대전환은 사회의 대전환을 필요로 하므로 어미 닭과 알 속 병아리의 관계처럼 안과 밖의 동시적 작용, 즉 줄탁동시(啐啄同時)가 요구된다. 학교 안과 밖의 동시적 혁신을 요구하는 것이다.

유네스코 '교육의 미래 2050'의 교훈

2021년 11월 유네스코에서 〈함께 그려보는 우리의 미래: 교육을 위한 새로운 사회계약〉이라는 제목의 중요한 보고서가 발표되었다. 이는 유네스코가 창립된 이후 중요한 세계적 국면의 시기에 국제 위원회를 구성해 교육 의제에 대한 입장을 제출하는 보고서로서, 1972년과 1996년에 이어 세 번째로 위상이 큰 보고서이다. 그런데 이번 보고서는 이전의 보고서 내용과는 결이 상당히 다르다. 한마디로 근본적이고 또한 급진적이다. 보고서가 말하고 있는 바와 같이 인류와 지구가 지속가능의 위기에 처해 있고, 생존의 차원에서 교육과 사회의 변혁이 요청되는 시대적 상황 때문일 것이다.

'2050'의 새로운 관점과 문제의식에는 무엇보다 절박한 시대 인식이 배경으로 깔려 있다. 보고서는 인류가 선택의 기로에 있으며, 진로를 바꾸는 긴급 조치가 필요함을 역설한다. 이 보고서는 일명 〈교육의 미래 2050〉으로 지칭되기도 한다. 2018년에는 〈교육 2030〉이라는 선언문을 발표했는데, '2030'이 '지금부터 교육을 받기 시작한 후속 세대가 성인이 되는 2030년부터 새로운 실천적 주체가 되도록 하자'라는 취지인 반면, '2050'은 '새로운 변혁 주체들의 실천에 의해 2050년에는 지속가능한 미래를 이루어 내자'는 취지이다. 그만큼 목표의식이 분명한 보고서라고 할 수 있다.

첫째, '공동재(common goods)'[2] 개념 등 교육의 성격과 목적을 다시 세우자고 하면서 근본적인 문제의식을 제출하기 때문이다. 보다 상승된 새로운 관점으로 많은 논의를 불러올 수 있다.

둘째, 무엇보다 교육 주체들의 '실천적 행동'을 강조하기 때문이다.

셋째, 앞의 두 부분도 그렇지만 논쟁이 될 만한 주요 의제들에 대해 대체로 분명한 입장을 피력하고 있기 때문이다.

이런 점들에서 단지 유네스코라는 국제기구가 교육에 관한 보고서를 냈기 때문이 아니라, 교육의 변혁을 바라는 많은 사람에게 더욱 강화된 근거와 힘을 주고 새로운 실천적 의미와 고민을 던져 주고 있다.

〈교육의 미래 2050〉은 "인류는 선택의 기로에 있으며 지속가능한 미래를 건설하기 위한 변혁이 불가피하다", "교육의 변혁을 통해 후속 세대를 변혁적 주체로 형성해야 한다", "교육은 공동의 과제를 위해 협력적으로 일

2) '공동재'는 '공공재(public good)'보다 더 강하고, 분명한 개념이다. 한마디로 '모두의 소유이며, 모두가 이용 가능하고, 모두가 함께 관리, 통제하는 자원, 자산'이라고 볼 수 있다. 유네스코는 공동재로 규정하는 근거로 교육이 '모두의 공통된 경험'이고, '공동으로 관리'되어야 하기 때문이라고 제시하였다. 이러한 공동재 개념은 기존의 공공재 개념이 '정부가 하는 일' 차원의 문제로 보려는 제한성을 극복하기 위한 것이다. 공동재 개념은 신자유주의 교육의 폐해를 극복하기 위해 제시된 대안적 개념이다. 이것은 인간의 웰빙을 개인주의적 사회경제 이론의 틀에 맞추어 규정하려는 도구주의적 개념을 넘어선다. '공동재' 개념은 다음 사항들을 분명히 한다고 볼 수 있다. 첫째, 교육이 모두의 소유이고 권리이므로 모든 교육이 무상으로 이루어져야 한다는 점, 둘째, 교육 기회, 내용, 방식이 형평, 평등, 보편적 성격을 가져야 한다는 점, 셋째, 교육의 목적이 개인들의 경쟁적 성공이 아니라 모두를 위한 것이어야 한다는 점, 넷째, 교육정책의 결정과 운영이 전 사회적 참여, 진정으로 민주적인 방식으로 이루어져야 한다는 점이다. 최근 공공재는 물, 지식 등 공동자산(commons) 개념과 아울러 사용되고 있다. '지식 공동재(knowledge commons)'라는 말이 그래서 생겼다. 지식은 인류가 역사를 통해 모두가 참여하면서 생산, 축적, 공유하는 것이기 때문에 공동의 소유라는 것이다, '지식 공동재' 개념은 '공동의 교육과정' '공유된 학습 경험' 등과 함께 보편적 교육과정 강화를 강조하는 것으로 연결되며, 교육 차원을 넘어 전 사회적 차원의 참여적 지식 생산, 공유, 공동 이용을 강조하는 것으로 연결된다.

하는 주체적 인간을 형성해야 한다", "단지 가르치고 학습하는 것만이 아니라, 실제의 실천으로 나아가야 한다"고, 따라서 교사를 포함한 모두가 변혁적 주체가 되어야 한다고 주장한다. 그리고 불확실한 고용의 미래에 대한 유연성이 교육의 '미래를 위한 새로운 사회계약'에 포함되어야 한다고 주장한다.

유네스코는 교육을 공동재로 보면서 여러 제안과 요청들을 제출하고, 이를 국제적 약속과 규범으로 하자는 '교육에 대한 새로운 사회계약'을 맺자고 촉구한다. 새로운 사회계약은 과거의 불의를 고치고 미래를 '변혁(transform)'할 우리의 기회이다. 교육을 위한 새로운 사회계약은 교육을 공공의 노력, 공유된 사회적 약속, 가장 중요한 인권 중 하나, 국가와 시민의 가장 중요한 책임 중 하나로 강화해야 한다. 여기서 강조하는 사회계약은 어떤 문서라기보다는 '사회적 합의'를 의미한다. 즉, 지금부터 공동재 개념에 기초해서 교육을 논의하고 다루어 나가자는 것이다.

〈교육의 미래 2050〉의 기본 맥락은 2018년에 제출된 〈유네스코 교육 2030〉이나 〈OECD 교육 2030〉과 비슷한 듯 보이지만, 문제의식의 강도, 입장의 분명함, 실천의 강조 등에서 차이가 적지 않다. 무엇보다 교육을 기존의 '공공재(public good)' 개념을 넘어 '공동재(common good)'로 규정하면서 교육의 목적과 방향, 구성과 운영을 새롭게 바꾸자고 한다. 그리고 기존 교육 시스템의 한계를 정확하게 파악하고 이를 극복하기 위한 새로운 접근 방식을 개척한 교육자, 커뮤니티, 청소년과 아동, 가족에 의해 '새로운 사회계약'

이 오랫동안 만들어지고 있다. '교육을 위한 새로운 사회계약'은 미래를 변화시키는 데 도움이 될 수 있는 사회, 인식론, 경제 및 환경 정의의 원칙에서 통찰력을 시급히 함께 구축해야 한다.

'교육을 위한 새로운 사회계약'은 공공의 사회적 노력과 공동재로서의 교육을 강화하고, 지식 공동재를 보호하는 새로운 접근 방식을 의미한다. 다양한 정부 및 비-국가 파트너가 과거의 이행되지 않은 약속을 달성하고, 미래를 위한 교육의 변혁적 잠재력을 발휘하기 위해 함께 일할 필요가 있다. 대학 및 기타 파트너는 공동재로서의 교육을 새롭게 하고, '교육을 위한 새로운 사회계약'의 공동 건설을 지원하기 위해, 연구 및 혁신에서 중요한 역할을 할 것이다. 2050년을 바라보면서 우리가 필요로 하게 될 국제 협력과 연대의 유형 형성에서 지역 및 국제 교육 개발 조직의 역할을 재조정하는 것이 중요하다. 궁극적으로 '교육을 위한 새로운 사회계약'을 촉진하고, 공동재로서의 교육을 실현하기 위한 열쇠는 특별한 맥락 속에서 전 세계 여러 집단에 걸친 광범위한 사회적 대화를 개시하는 것이다.

교육은 우리 시대의 주요 도전 과제를 해결하는 데 필수적인, 인간의 독창성과 집단행동의 잠재력을 배양하는 일이다. 교육은 우리 사회의 갱신과 변혁을 위한 기초이다. 교육의 미래에 대한 성찰을 시작하려면, 먼저 교육이 어떤 위치에 있는지, 그리고 현재의 도전과 새로운 변화가 가리키는 미래의 가능성을 검토해야 한다. 다른 삶의 영역에서와 마찬가지로, 교육에서도 과거는 우리와 매우 밀접하게 연관되어 있다. 우리는 장기적인 여

사적 추세를 고려해야 한다. 교육이란 인간에 의해 가장 잘 촉진되는 심오한 인간적 행위다. 교육은 우리의 미래가 사회적으로 더 포용적이고, 경제적으로 공정하며, 환경적으로 지속가능해지는 데 도움이 되는 이해를 키우고 역량을 구축하는 활동이다. 교육의 힘은 우리를 세상 및 타인들과 연결하고, 우리가 이미 살고 있는 공간을 넘어 우리를 이동시키며, 우리를 새로운 가능성에 노출시키는 능력에 있다. 교육은 집단적 노력으로 우리를 하나로 묶는 데 도움을 준다. 변화하고 불확실한 세상을 탐색하는 데 도움이 되는 지식을 동원한다. 교육은 우리가 공동의 과제를 해결하는 데 필요한 과학, 지식 및 혁신을 제공한다. 교육은 정체성을 형성하고 세계관을 확장하는 문화 자원에 대한 접근을 제공함으로써 문화생활에 참여할 권리를 지원한다.

한편, 어린이와 성인은 교육을 고객이나 관람자가 아니라 배우로서 경험해야 한다. 모든 사람은 자신의 삶에서 생각하고, 알고, 느끼고, 행동하는 것을 강화하고, 우리 모두가 함께하는 것을 강화하는 교육의 일부가 될 권리가 있다. 교육의 혁신은 실험하고, 공유하고, 확장하고, 다른 사람들에게 영감을 줄 수 있는 능력을 반영한다. 교육 혁신은 개별 학생이나 학급과 협력하는 교사에서부터 학교 차원 또는 국가 차원의 접근 방식에 이르기까지 모든 현장과 규모에서 가능할 것이다. 그리고 교육 혁신은 다양한 맥락에서 다른 교육자, 정책 입안자, 연구원 및 학교의 경험과 성공에서 얻은 많은 협력과 통찰력의 결과에서 나올 것이다.

이제 벼랑으로 치닫고 있는 한국 교육의 정상화를 위해 권력과 시민사회의 '이중적 민주화'를 동시에 이루어 낼 새로운 교육정치를 개시해야 한다. 그래야 새로운 교육 질서를 만들어 낼 수 있다. 이러한 교육 질서는 우리 모두의 신뢰, 연대, 그리고 실천에 달려 있다. 그래야만 새로운 사회와 새로운 문명이 도래하고, 새로운 시민이 출현할 수 있다. 이러한 시민은 그냥 주어지지 않는다. 세상의 변화는 말로만, 입으로만 이루어지지 않는다. 우리의 작은 변혁적 실천만이 그것을 가능하게 할 것이다. 우리의 조그만 실천이 미래교육의 모습을 결정할 것이다. 실천에 대한 강조는 청소년 실천에 대한 옹호와 지원, 지역사회운동과의 연대, 교사의 적극적 실천, 교육과 실천의 긴밀한 연계 등으로 나타나야 한다. 가르치고 학습하는 것만이 아니라 생활의 현장에서 실제의 실천으로 이어져야 한다. 참을성 있게 가르치고 배워야 한다. 결코 지름길은 없다.

세계 대변동 시기의 코로나 사태에 대한 대응도 100여 년 전 문호개방기의 시행착오를 또다시 범해서는 안 된다. 기술적 근대화를 주창했던 개화파와 정신적 근대화를 주창했던 동학파의 분열 경험을 재연해서는 안 된다. 우리는 개화정신과 개벽정신을 동시에 공존시켜 포스트 코로나 시대를 준비해야 한다.

이제 근대화와 산업화를 기조로 하는 근대 국민국가 형성기(자본주의 산업문명)를 넘어 국가, 시장, 시민사회가 함께 살아가야 할 '새로운 사회계약'을 맺을 때가 되었다. 그리고 전 지구적 위기와 절박함은 강한 실천적 의지로

[그림 1] 한국 사회 대전환을 위한 교육 대전환 체계도

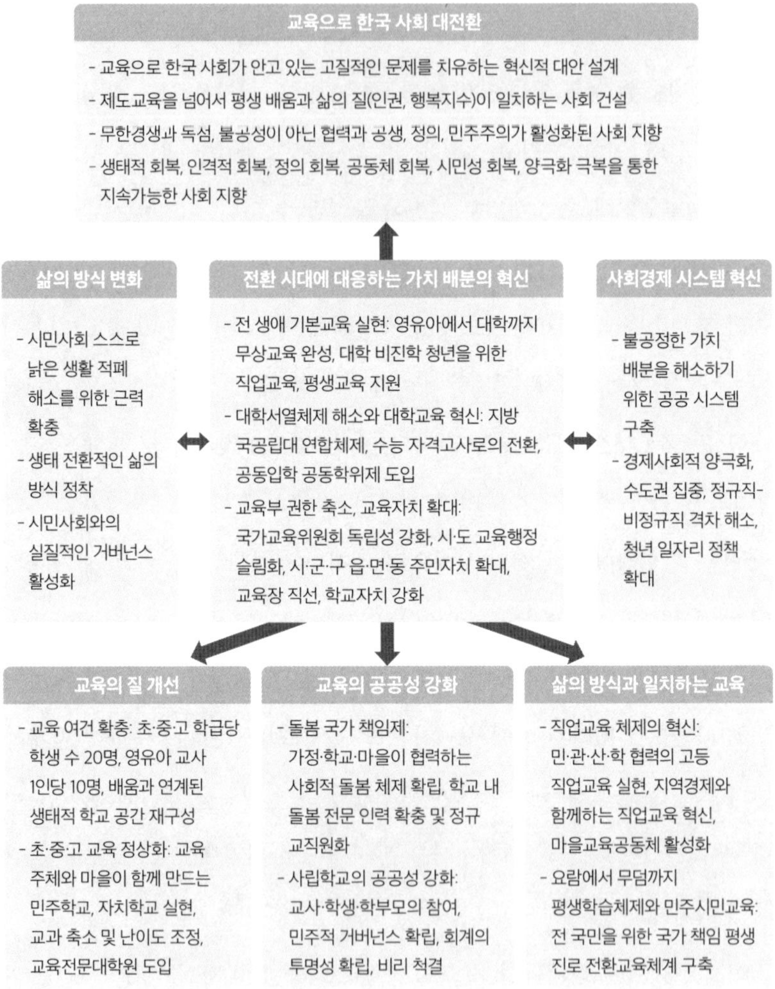

교육으로 한국 사회 대전환

- 교육으로 한국 사회가 안고 있는 고질적인 문제를 치유하는 혁신적 대안 설계
- 제도교육을 넘어서 평생 배움과 삶의 질(인권, 행복지수)이 일치하는 사회 건설
- 무한경쟁과 독점, 불공성이 아닌 협력과 공생, 정의, 민주주의가 활성화된 사회 지향
- 생태적 회복, 인격적 회복, 정의 회복, 공동체 회복, 시민성 회복, 양극화 극복을 통한 지속가능한 사회 지향

삶의 방식 변화

- 시민사회 스스로 낡은 생활 적폐 해소를 위한 근력 확충
- 생태 전환적인 삶의 방식 정착
- 시민사회와의 실질적인 거버넌스 활성화

전환 시대에 대응하는 가치 배분의 혁신

- 전 생애 기본교육 실현: 영유아에서 대학까지 무상교육 완성, 대학 비진학 청년을 위한 직업교육, 평생교육 지원
- 대학서열체제 해소와 대학교육 혁신: 지방 국공립대 연합체제, 수능 자격고사로의 전환, 공동입학 공동학위제 도입
- 교육부 권한 축소, 교육자치 확대: 국가교육위원회 독립성 강화, 시·도 교육행정 슬림화, 시·군·구 읍·면·동 주민자치 확대, 교육장 직선, 학교자치 강화

사회경제 시스템 혁신

- 불공정한 가치 배분을 해소하기 위한 공공 시스템 구축
- 경제사회적 양극화, 수도권 집중, 정규직-비정규직 격차 해소, 청년 일자리 정책 확대

교육의 질 개선

- 교육 여건 확충: 초·중·고 학급당 학생 수 20명, 영유아 교사 1인당 10명, 배움과 연계된 생태적 학교 공간 재구성
- 초·중·고 교육 정상화: 교육 주체와 마을이 함께 만드는 민주학교, 자치학교 실현, 교과 축소 및 난이도 조정, 교육전문대학원 도입

교육의 공공성 강화

- 돌봄 국가 책임제: 가정·학교·마을이 협력하는 사회적 돌봄 체제 확립, 학교 내 돌봄 전문 인력 확충 및 정규 교직원화
- 사립학교의 공공성 강화: 교사·학생·학부모의 참여, 민주적 거버넌스 확립, 회계의 투명성 확립, 비리 척결

삶의 방식과 일치하는 교육

- 직업교육 체제의 혁신: 민·관·산·학 협력의 고등 직업교육 실현, 지역경제와 함께하는 직업교육 혁신, 마을교육공동체 활성화
- 요람에서 무덤까지 평생학습체제와 민주시민교육: 전 국민을 위한 국가 책임 평생 진로 전환교육체계 구축

전화되고 있다. 생태적 지속가능성, 경제적 지속가능성, 문화적 지속가능성, 정치적 지속가능성을 이룰 수 있는 '새로운 사회계약'을 만들어 합의하고 실천하려는 의지를 보일 때가 되었다.

1장

문 재 인 정 부 의 교 육 정 책 을 돌 아 본 다

2021년 10월 2일

서울에서 시민의 손으로 만드는 한국 교육 대전환 온라인 1차 순회토론회가 진행되었습니다. 1차 순회토론회의 주제는 '문재인정부의 교육정책 평가'였습니다. 초·중등교육 분야는 전국교직원노동조합의 노시구 정책실장님이, 대학교육은 방송통신대학교 임재홍 교수님이, 평생·직업교육은 경희대학교 최일선 교수님이, 지방교육자치는 오산시 곽상욱 시장님이 발표를 하였습니다.

• • •

전국교직원노동조합 노시구 정책실장님은 문재인정부가 교육에서 잘한 것으로 '누리과정 국고 지원, 국공립 고교 무상교육, 사립유치원에 에듀파인 도입, 역사교과서 검인정, 국가교육위원회법 통과' 등을 들었습니다. 동시에 안타까운 것으로 '수능 전 과목 절대평가화 포기, 대입 정시 비중 확대, 준비되지 않은 고교학점제 추진, 지지부진한 고교체제 개편, 코로나 국면에서의 땜질식 처방'을 지적하였습니다.

좀 더 구체적으로 살펴보면, 대학입시 개정을 어설픈 공론화 과정으로 돌리면서 정시 비중의 40% 확대라는 어처구니없는 결과를 낳았고, 학교혁신에서 가장 중요한 것 중 하나인 교장의 선출 문제에서도 기득권 세력의 반발에 내부형 공모제 비율도 확대하지 못했으며, 전교조를 비롯한 현장 교사들과의 소통을 소홀히 하거나 외면한 채, 여전히 일반직 중심의 교육부 관료체계가 유지되고 있음을 비판했습니다. 또한 코로나 국면으로 학급당 학생 수 감축, 과밀학급 해소의 정당성이 다시 확인되었음에도 이에 대한 정부의 의지가 확인되고 있지 못하며, 방과후와 돌봄을 지자체로 이관하는 방안들이 제시되었음에도 이를 이행하지 않고 있어 학교현장에서는 초등교육을 포기한 것이 아니냐는 비판까지 나오고 있다고 합니다.

노시구 정책실장님은 '학교가 돌봄기관인가?' 혹은 '학교가 입시학원인가?' 라는 질문을 던지면서 교육기관 본연의 역할을 할 수 있어야 함을 주장하였습니다. 특히 학교가 하부 행정조직이 아니라 '교육을 위한 조직'으로 기능하고, 교사들이 행정업무에 시달리지 않고 교육에 집중할 수 있는 여건을 마련해야 하며, 정치권이 사회문제 해결의 도구로 학교를 이용해서는 안 되며, 대학입시로 초·중등교육이 왜곡되는 상황을 해소해야 함을 제안하였습니다.

김태정 첫 번째 질문입니다. 교수님도 젊을 때는 중등교사로 재직하시다가, 정권의 탄압으로 해직을 당한 경험이 있으신 걸로 압니다. 교수님이 보시기에 현재 초·중등교육의 어려움은 그 원인이 무엇인가요? 또 촛불항쟁으로 탄생한 정부가 왜 이렇게 초·중등교육 현장의 목소리를 반영한 교육정책을 펼치지 못한다고 생각하시나요?

심성보 촛불로 탄생한 민주정부라 하더라도 초·중등교육 현장의 목소리를 반영하지 못하는 것은, 근본적으로 시장주의적 신자유주의 교육정책을 완전히 벗어나지 못해 그런 것 같습니다. 또 교육청이나 교육부 관료들, 교장들의 관료주의 풍토가 여전합니다. 그리고 교사들의 전문적 자율성을 보장하지 않는 것도 또 하나의 원인이 되고 있어요. 이렇게 된 원인은 궁극적으로 교사의 정치적 기본권을 보장하지 않아 표현의 자유를 제약하고 있기 때문입니다. 이러한 다양한 원인은 교사들의 집단적 무기력 현상을 초래하고 말았습니다. 교육활동은 자율성이 생명입니다. 타율적 교직문화를 자율적 교직문화로 전환하는 특단의 조치가 필요합니다.

김태정 두 번째 질문을 드리겠습니다. 대학 분야입니다. 문재인정부가 출범할 당시 대통령 후보의 대학 관련 공약, 즉 고등교육 공약은 다음과 같이 구성되어 있었습니다.

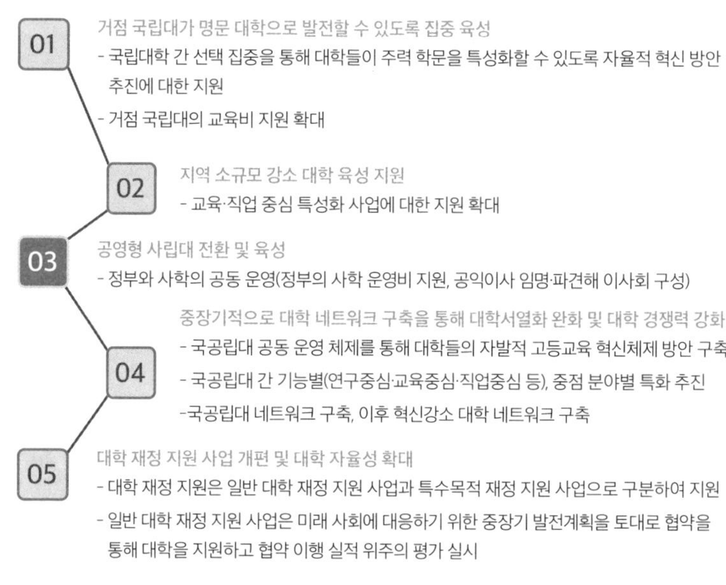

01
거점 국립대가 명문 대학으로 발전할 수 있도록 집중 육성
- 국립대학 간 선택 집중을 통해 대학들이 주력 학문을 특성화할 수 있도록 자율적 혁신 방안 추진에 대한 지원
- 거점 국립대의 교육비 지원 확대
02
지역 소규모 강소 대학 육성 지원
- 교육·직업 중심 특성화 사업에 대한 지원 확대
03
공영형 사립대 전환 및 육성
- 정부와 사학의 공동 운영(정부의 사학 운영비 지원, 공익이사 임명·파견해 이사회 구성)
04
중장기적으로 대학 네트워크 구축을 통해 대학서열화 완화 및 대학 경쟁력 강화
- 국공립대 공동 운영 체제를 통해 대학들의 자발적 고등교육 혁신체제 방안 구축
- 국공립대 간 기능별(연구중심·교육중심·직업중심 등), 중점 분야별 특화 추진
-국공립대 네트워크 구축, 이후 혁신강소 대학 네트워크 구축
05
대학 재정 지원 사업 개편 및 대학 자율성 확대
- 대학 재정 지원은 일반 대학 재정 지원 사업과 특수목적 재정 지원 사업으로 구분하여 지원
- 일반 대학 재정 지원 사업은 미래 사회에 대응하기 위한 중장기 발전계획을 토대로 협약을 통해 대학을 지원하고 협약 이행 실적 위주의 평가 실시

* 출처: 더불어민주당, 제19대 대통령 선거 정책공약집: 나라를 나라답게, 2017. 4. 28, 220쪽.

공약 자체만으로는 매우 유의미하고, 실현 가능한 내용으로 좋은 평가를 받을 수 있을 것 같습니다. 그런데 중요한 것은 이 공약이 정권 말기인에도 이행되고 있지 않다는 점입니다. 매우 안타깝고 실망

스럽습니다.

방송통신대학교 임재홍 교수님도 이 지점을 지적하면서, 문재인정부의 대학정책을 신랄하게 비판하였습니다. 이를 요약하면 다음과 같습니다.

첫째, 국립대 육성사업을 제대로 하지 않았다는 것입니다. 무엇보다 예산 규모가 너무 적습니다. 2018년 800억 원, 2019년 1,504억 원, 2020년 1,425억 원, 2021년 1,500억 원에 불과했다고 지적합니다. 서울대 1년 재정이 1조 5,000억 원임을 감안한다면, 다른 국립대학들에 대한 재정 지원이 얼마나 부족한지 알 수 있을 것입니다.

둘째, 공영형 사립대 공약도 이행하지 않았습니다. 원래의 공약을 이행하지 않고, 2021년에 이르러서야 '사학혁신지원사업'을 했는데, 공영형 사립대 정책이 사립대학에 대한 '공적 최대 개입을 염두에 둔 재정 지원과 지속성 및 이에 상응하는 거버넌스 혁신(예를 들면 이사회 구성 방식의 변화나 재정위원회 도입 강제 등)을 필수 요건'으로 한 것과는 달리 사학혁신지원사업은 '재정지원금의 규모도 적고, 기간도 한시적인 보조금 사업으로 축소'된 것입니다.

셋째, 대학통합네트워크를 통한 대학서열체제 해소 공약도 이행하지 않았습니다. 임재홍 교수님은 공약에 들어간 대학통합네트워크를 대신하여 교육부가 과거부터 사용해 온 권역별 연합대학이라는 표현으로 혼용되거나 바뀌어 사용되고 있는데, 이는 과거 정부하에서 교육부가 추진해 온 대학 구조조정의 맥락과 연계되면서 대학서열체제 극복을 위한 수단이라기보다는 통폐합의 수단으로 악용될 소지가 있음을 지적하였습니다.

교수님은 문재인정부가 이와 같은 대학 관련 공약을 제대로 이행했다면 어떤 변화가 생겼을 것이라고 보시나요? 또한 문재인정부가 대학 관련 공약을 이행하지 않은 이유는 무엇이라고 생각하시나요?

심성보 공고한 '대학서열체제'는 영유아교육과 초·중등교육을 황폐화하고, 사교육[3]을 확대해 시민들의 생계를 위협하고, 학문 경쟁력을 약화시키고 있습니다. 대학서열체제는 학벌주의를 재생산하는 데 중요한 이데올로기 역할을 하는 왜곡된 능력주의와 '병목사회론'이 제기하는 문제의식과도 맞물려 있습니다. '단 한 번의 거대한 시험'으로 미래의 인생이 결정되는 거대한 '병목 시험사회'는 우수한 성적으로 이를 통과하려는 수많은 아이들과 젊은이들이 서로 경쟁하는 사회를 만들고 말았습니다. 입시 중심의 공교육체제에 균열을 내고자 하는 '대안학교'와 '혁신학교' 운동이 계층상승의 도구로 전락한 대학서열체제에 발목이 잡혀 있습니다.

촛불정부는 대학이 기초학문의 육성 등 학문적 생태계를 육성·발

3) '그림자 교육(shadow education)'이라고 하는 '사교육'의 세계적 확장은 제한된 교육성취도(종종 단기 회상 및 낮은 수준의 인지 능력 강조)에 대한 편협한 초점이 개인적으로나 사회적으로 더 풍부한 목적을 달성하기 위해 학생들을 준비시키는 데 필요한 교육과정을 축소시키는 대표적인 사례이다. 미래를 내다보면, 교육 격차 심화와 부정적인 영향과 '고부담 시험'이 초래한 교육에 대한 편협한 초점을 되돌려야 한다.

전시켜야 하는데, 아직도 '대학은 산업이다'라는 좁은 안목에 여전히 매달려 있는 것 같습니다. 또 대학의 학문 발전이야말로 사회 발전의 최대 무기임에도, 대학을 여전히 계층상승의 도구로 생각하는 대통령과 정부 인사들의 생각도 대학서열체제를 더욱 공고히 하고 있습니다. 학부모들이 대학의 학문 발전을 통해 사회 발전을 도모할 수 있다는 거시적 안목을 갖지 못한 것도 하나의 원인으로 작용하겠지요. 진보적인 인사들임에도 자기 자식의 교육문제에서는 성숙한 태도를 갖지 못한 것도 문제입니다. 진보의 이중성이라고나 할까요. 새로운 사회의 변화를 추동할 수 있는 세계관의 내면화가 덜 된 것이지요. 권력의 독재에 대해 저항했지만, 삶의 양식에서의 민주주의를 치열하게 고민하지 않은 것이 오늘의 사태를 낳았다고 봅니다. 물론 서열 상위권 대학에 입학시키고자 하는 학부모들의 욕망 구조도 문제이지요. 듀이는 제도로서의 민주주의를 넘어 삶의 양식으로서의 민주주의를 강조했는데, 우리 사회는 이 부분이 취약하여 위기를 탈출하지 못하고 있어요. 여기에는 새로운 사회를 이루어 내겠다는 교육관을 갖지 못한 개발시대의 성장주의 의식도 걸림돌입니다.

김태정 세 번째 질문입니다. 문재인정부의 평생·직업교육에 대해서 경희대학교 최일선 교수님의 평가 내용을 요약하면 다음과 같습니다.

문재인 대통령 후보의 평생·직업교육 관련 공약은 별도의 영역이 명시되어 있지 않고 '더불어 성장'과 '지속가능한 사회, 활기찬 대한민국'에 관련 내용이 분산되어 있다가, 정부 구성 이후에는 100대 국정

과제 중 18개 유관 정책으로 정리되었다고 합니다. 그 내용을 표로 정리하면 다음과 같습니다.

국정목표	국정과제
2. 더불어 잘사는 경제	16. 국민의 눈높이에 맞는 좋은 일자리 창출 17. 사회서비스 공공 인프라 구축과 일자리 확충 18. 성별, 연령별 맞춤형 일자리 지원 강화 19. 실직과 은퇴에 대비하는 일자리 안전망 강화
3. 내 삶을 책임지는 국가	49. 유아에서 대학까지 교육의 공공성 강화 51. 교육의 희망사다리 복원 52. 고등교육의 질 제고 및 평생·직업교육 혁신 53. 아동·청소년의 안전하고 건강한 성장 지원 54. 미래 교육환경 조성 및 안전한 학교 구현 65. 다양한 가족의 안정적인 삶 지원 및 사회적 차별 해소 67. 지역과 일상에서 문화를 누리는 생활문화 시대 71. 휴식 있는 삶을 위한 일·생활의 균형 실현 72. 모든 국민이 스포츠를 즐기는 활기찬 나라
4. 고르게 발전하는 지역	76. 교육 민주주의 회복 및 교육자치 강화 81. 누구나 살고 싶은 복지 농산어촌 조성
5. 평화와 번영의 한반도	89. 장병 인권 보장 및 복무 여건의 획기적 개선 93. 남북 교류 활성화를 통한 남북관계 발전 94. 통일 공감대 확산과 통일국민협약 추진

그런데 '평생·직업교육체제구축' 예산 중 평생교육 유관 예산은 638억 원에 불과하다고 합니다. 즉, 4차 산업혁명 시대, 저출산 고령화 시대를 대비한다면 적어도 교육예산 0.1% 정도를 평생교육에 투자해야 하는데, 많이 부족하다는 것입니다. 또한 평생교육이 여전히 교육부 중심으로 지역교육청에 권한이 배분되고 있지 못하며, 법령상 명기된 평생교육학습권(예: 「헌법」 29조 5항 국가의 평생교육 진흥 의무 조

항, 「교육기본법」 3조 국민의 학습권 조항)이 보장되는 동시에, 평생교육을 활성화하기 위한 관련법 개정(예: 「고등교육법」 26조 공개강좌, 「초·중등교육법」 11조 국민의 학교 시설 이용 조항 등)이 필요함에도 적극적인 정책이 실행되고 있지 못하다고 평가하고 있습니다.

선진국들을 보면 평생·직업교육이 매우 활성화되어 있습니다. 그런데 한국은 평생·직업교육 관련 예산만 적은 것이 아니라, 평생교육의 내용도 취미활동에 치중되어 있거나 직업교육이 사적 영역에 내맡겨져서 공공성도 취약하고, 노동시장과의 연계성도 떨어진다는 평가를 받습니다. 교수님이 보시기에 문재인정부의 평생·직업교육 정책의 한계는 무엇인가요?

심성보 문재인정부의 평생교육 정책이 여전히 취미·교양 학습 수준에 머물고 있는 것은 평생교육을 통해 비판적 의식을 고양할 수 있는 가능성을 차단하고 있기 때문이겠지요. 취미·교양 학습이 잘못되었다는 것이 아니라, 이와 함께 세상에 대한 비판적 의식을 고취시키는 평생학습 활동을 더욱 활성화시켜야지요. 그래야 성숙한 시민의 탄생이 가능하지 않겠어요? 우리의 경우 성숙한 시민을 탄생시키는 평생학습 정책이 너무 미약합니다. 최근 지자체에서 평생교육사업을 활성화하고자 노력하고 있지만, 방향이나 그 정도가 아직 높은 수준이라고 하기 어렵습니다. 직업교육 또한 국가가 책임지는 공적 사업이라는 인식이 취약한 것도 하나의 원인으로 작용하고 있는 듯합니다. 게다가 노동을 저급하게 보는 인문교육 중심의 사고는 직업교육을 어렵게 하고 있습니다. 도서관에서 공부하는 학자와 지붕 수리를 하는 기술자 중에서 누가 더 우월한 위치에 있어야 합니까? 두 가지 모두 사회의 운영과 번영을 위해서 중요합니다. 학자가 기술자 위에 있을 수 없습니다. 전근대적인 사·농·공·상 구조를 타파해야 합니다.

김태정 네 번째 질문입니다. 오산시 곽상욱 시장님은 문재인정부에서 지방교육자치가 과거보다 발전한 측면이 있다고 보면서도 현장에서의 어려움을 지적하였습니다. 국가교육회의가 출범되고 국가교육위원회 구성을 준비하게 된 것, 지방자치법이 전면 개정되는 등의 성과도 있었지만, 지방자치단체가 교육에 관심을 가지고 역할을 하고자 하여도 관련 법령과 규정 등의 미비로 제약이 존재함을 지적하였습니다. 일반자치와 교육자치가 분리되어 있는 현실에서 기초지방자치단체의 파트너인 교육지원청의 역할과 권한이 매우 제한적이며, 학교가 여전히 마을과 함께하는 것에 대해 폐쇄적인 태도를 갖는 경향이 남아 있고, 학교 밖에서의 교육활동을 교육과정으로 인정하지 않는 등의 문제점을 지적하였습니다.

문재인정부의 지방교육자치 정책의 성과와 한계는 무엇이라고 생각하시나요?

심성보 중앙정부의 중앙집권적 정책을 벗어나지 못한 것이 지방교육자치를 어렵게 하고 있다고 봅니다. 교육자치와 일반자치의 분리는 협치의 발전 가능성을 가로막고 있습니다. 구청장과 시장은 직선으로 선출되는데, 교육장은 교육감이 임명하니 협치가 제대로 될 리가 없습니다. 일부 선진적인 공무원이나 장학사가 있기는 하지만, 개인적 헌신과 봉사에 의존하는 것은 지속가능성을 어렵게 합니다. 따라서 교육장 직선제, 그리고 시·군·구를 넘어 읍·면·동의 장도 직선제를 실시하여 주민의 직접 선출이 필요한 때가 된 것 같습니다. 그래야 마을자치와 민주주주의가 활성화될 것입니다.

시민의 손으로 만드는 한국 교육 대전환 1차 순회토론회(2021년 10월 2일) 인사말

문재인정부 교육정책을 돌아보며

심성보

지금 한국 사회는 대전환/대변혁의 시기를 맞이하고 있습니다. 이 사회 대전환의 과제를 한국 교육의 대전환으로 풀고자 합니다. 새로운 사회체제와 새로운 교육체제가 상호작용하며 의존하는 다양한 형태의 진보적/혁신적/급진적 교육이 필요합니다. 학교의 대전환은 사회의 대전환을 필요로 하므로 어미 닭과 알 속 병아리의 관계처럼 안과 밖의 동시적 작용, 즉 줄탁동시(啐啄同時)가 요구됩니다. 학교 안과 밖의 동시적 혁신이 필요한 것입니다.

학교의 전환은 두 가지 방향으로 나아가야 합니다. 학교의 대전환은 첫째 사회적, 문화적, 경제적 이동 그리고 정책 의제에 의해 추동되는 계속적 운동 과정에 있는 학교의 혁신입니다. 둘째, 학교의 대전환은 교육적, 민주적 그리고 사회적으로 정의로운 목적을 위한 학교의 혁신입니다.

사회의 정의는 구조적 불평등을 줄이는 재분배의 정치, 그리고 차이/다름에 가치를 두고 작동시키는 인정의 정치를 통해서 가능할 것입니다.

이를 기반으로 한 학교의 대전환은 다음과 같은 의제를 통해 수행될 수 있습니다.

첫째, 학교의 대전환은 교육제도만의 일이 아닙니다. 예를 들어 주택, 건강과 교통정책, 고용과 노동시장, 소득 지원과 복지 혜택 등은 어린이와 젊은이의 일상적 삶 및 그들의 삶의 기회 모두에 심대한 영향을 미치기 때문입니다. 둘째, 학교의 변화는 학교정책의 문제만이 아닙니다. 가정이 이용할 수 있는 더 넓은 문화적 자원은 양육에 머무는 것이 아니라, 일반교양교육과 직업기술교육으로 확장되어야 합니다. 셋째, 가장 어려운 처지에 놓여 있는 학교는 재정적으로 적은 비용으로 더 많은 일을 효율적으로 해야 합니다.

어떻게 해야 왜곡된 학벌주의의 함정을 넘어 자신의 능력/잠재력이 진정으로 존중되는 사회에 진입할 수 있을까요? 궁극적 해결책은 지나치게 양극화된 노동시장과 경직된 대학서열체제, 시험 하나로 사람의 역량을 재단해 버리는 명문대 중심의 학벌주의 사회체제를 해체하는 방법밖에 없을 것입니다. 특권학교 폐지, 수능의 대학입학자격고사화, 대학등록금 무상화 등 다양하게 기회를 제공하는 다원적 경로를 마련해야 합니다. 이런 교육이 가능하려면 수능시험을 대학입학자격고사로 전환해야 하고, 병목화한 대학서열체제를 완화해야 하며, 대학등록금을 폐지해야 하고, 그리고 노동시장을 민주화해야 합니다. 학벌체제를 타파하는 대중적 교육운동은 차별과 불평등을 철폐하기 위한 일종의 전근대성을 극복하려는 일종의 문화성지혁명으로 이해되어야 합니다. 대학을 나오지 않아도 인간다운 삶을 살 수 있는 공공적/포용적 교육체제의 수립과 연계되어야 합니다.

이제 학생을 죽음으로 내모는 서울 중심, SKY 중심의 학벌주의를 해체하지 않으면 안 됩니다. 계층상승의 도구가 되고 있는 공고한 학벌체제는 중등교육을 황폐화하고, 사교육을 확대해 시민들의 생계를 위협하고, 학문 경쟁력을 약화시키고, 또 지역 불균형을 재생산하는 중요한 기제가 되고 있기 때문입니다. 더욱이 입시 중심의 공교육/학교교육 체제에 균열을 내고자 하는 아래로부터의 '대안학교' 운동과 '혁신학교' 운동은 계층상승의 도구로 전락한 대학서열체제로 인해 발목이 잡혀 있고, 이는 지역소멸 현상까지 초래하고 있습니다. 대학의 서열화·계급화 체제에는 좀처럼 균열이 일어나지 못하고 있습니다. 이러하니 아이들은 배움의 즐거움을 가질 수 없고, 사회를 변화시키는 민주시민의 탄생도 불가능합니다.

따라서 학교현장의 인간화와 민주화, 그리고 공동체화와 생태화가 절실합니다. 국민 대중의 교육적 민심을 담아낼 수 있는 교육 및 사회의 체제 개혁이 절실합니다. 물론 그 체제 속에 살고 있는 사람들의 의식 변화와 세계관 변혁은 필수적입니다. 인간과 사회의 동시적 변혁을 요구하는 새로운 시대정신은 새로운 삶의 방식을 선언하고 실천하는 '교육혁명정신'에서 나오기 때문입니다.

한국 사회의 대변화를 예고하는 문명적 전환기에 정치적 질서뿐 아니라 사회적, 경제적, 교육적 질서가 동시에 출현해야 합니다. 그리고 포스트 코로나 시대를 맞이하여 한국 교육의 대전환을 위한 거대한 변혁의 물길을 내야 합니다. 우리 모두 그 물꼬를 내는 거대한 변혁의 주체자가 되어야겠습니다. 우리 모두 함께합시다.

2장

학교와 마을의 상생,
어떻게 가능한가?

2021년 10월 9일

광주에서 시민의 손으로 만드는 한국 교육 대전환 온라인 2차 순회토론회가 진행되었습니다. 2차 순회토론회의 주제는 '마을교육공동체 활성화 방안'이었습니다. 마을연계 교육과정에 대해서는 경기 양도중학교 박현숙 선생님이, 마을학교에 대해서는 서울 은평마을방과후지원센터 박종윤 선생님이, 중간지원조직에 대해서는 전남 순천 풀뿌리교육자치협력지원센터 임경환 선생님이, 청소년자치활동에 대해서는 경기 산내초등학교 서우철 교감 선생님이 발표를 해 주셨습니다.

• • •

2021년 기준으로 전국 226개 기초지방자치단체 중 191개가 혁신교육지구 사업을 통해서 마을교육공동체 조성에 함께하고 있습니다. 혁신교육지구 사업은 교육청과 기초지방자치단체 간의 업무협약을 통해 학교와 마을이 협력하여 교육생태계를 조성하는 것입니다. 마을교육공동체는 주민자치와 교육자치의 결합으로 학교와 지역사회가 함께 아동·청소년의 성장과 발달을 지원하고, 동시에 지역사회의 지속가능한 발전을 위해 협력하는 공동체적 관계와 실천을 의미합니다. 어떤 분들은 마을교육공동체를 마을교육을 실천하는 단체로서 협의로 이해하기도 하지만, 마을교육공동체는 학교와 마을의 협력에 기초한 교육생태계로서 광의로 이해하는 것이 더욱 총체적인 이해가 될 것입니다. 2021년 10월 9일 토론회에서 나온 내용을 정리해 보겠습니다.

첫째, 마을연계 교육과정입니다.

학교와 마을의 결합은 시대적 요구이기도 하며, 교육과정에도 분명히 제시되어 있습니다. 초등학교 교육과정에는 마을이 배움의 주제로 설정되어 있고, 중학교 자유학기제에도 마을과 함께하는 진로탐색, 체험활동이 있습니다. 한편 입시경쟁교육이 해소되지 않는 한 분명한 한계가 있겠지만,

고교학점제의 경우에도 마을과의 연계와 협력은 필수적입니다. 혁신교육지구 3대 사업 중 하나로 언급되는 마을연계 교육과정은 이렇게 확산 추세에 있습니다. 그와 동시에 과제도 분명합니다.

학교가 왜 마을과 함께 교육과정을 운영해야 하는가에 대한 공감대가 이루어지지 않은 상황에 기초지방자치단체에서 마을교육 프로그램이나 마을강사를 투입 혹은 연결할 경우 거부감을 보이는 경우가 종종 있습니다. 또 교사들이 정기적으로 전보를 통해 학교를 이동하기에 마을연계 교육과정 운영 담당자가 바뀜으로써 학교와 마을의 단절이 발생하기도 합니다. 더욱 중요한 점은, 마을연계 교육과정은 학교에서 교육과정을 운영할 때 마을과의 협력이 필요한 부분을 찾아내어 마을의 사람, 기관 등과 협의를 통해서 교육과정을 재구성하는 것이기에 이를 위한 학교 단위 교육 거버넌스[4]가 매우 중요함에도, 거버넌스 없이 기초지방자치단체에서 제공하는 교육 콘텐츠를 학교에서 단순 소비하는 경향이 아직도 크다는 것입니다.

이런 점에서 경기 양도중학교 박현숙 선생님이 발표한 내용은 마을연계 교육과정 활성화에 많은 도움이 될 것입니다. 박현숙 선생님은 마을연계 교육과정이 활성화되려면 "교사 개인이 그 필요성을 가져야 하며, 마을연계 교육과정에 대한 사회적 요구가 있어야 하고, 전문적 학습공동체가 활성화되어야 한다"라고 지적합니다. 또한 "체계적인 교사 연수가 제공되어야 하고, 우수한 사례 발굴과 확산이 이루어져야 하며, 안정적인 예산과 운

4) 거버넌스(goverance)란 공식적 권위 없이도 다양한 행위자들이 자율적으로 호혜적인 상호의존성에 기반을 두어 협력하도록 하는 제도 및 조종 형태를 말한다.

영 가능한 현실적인 여건"을 마련해야 하는데, 이를 위해서는 "지자체, 단체들과 교육청, 학교와의 협업이 중요하며, 학부모와 시민들의 의식 개선을 위한 교육 실시, 그리고 마을연계 교육과정으로 인한 행정업무를 경감"해야 한다고 제안하였습니다.

둘째, 학교 밖 배움터인 마을학교입니다. 서울 은평마을방과후지원센터에서 활동하는 박종윤 선생님은 다음과 같은 중요한 말씀을 해 주셨습니다.

우선 마을학교란 "학교에서 하는 지식교육의 보완이 아니며, 아동·청소년의 삶을 지원하는 다양한 교육의 장이고, 학교 안팎에서 다양한 형태로 협력하며 이루어지는 것이며, 우리 지역에서 성장기를 보내는 아동·청소년을 함께 지원하는 것"이라고 정의하였습니다.

다음으로 마을학교는 '민주주의 실현의 장'이라고 의미를 부여하고 마을학교의 특징을 다음과 같이 언급하였습니다. '하고 싶은 것을 시도할 수 있는 실험실', '영역(돌봄, 교육)을 넘나드는 무형식, 비교과, 프로젝트, 주제의 다양성 등', '줄 세우기가 없고 성적으로 차별하지 않는 곳', '개인의 작지만 소중한 문제 해결 경험의 장', '학교를 다니지 않는 청소년도 갈 수 있는 곳', '모두가 교사가 되고 모두가 배우는 학교', '함께 배우고 함께 나누는 삶터', '마을의 주인(민주시민)을 길러 내는 작은 협의체(거버넌스)' 등으로 마을학교가 기존의 제도학교와 어떻게 다른지를 설명하였습니다.

마지막으로 마을학교의 지속가능한 발전을 위해 해결해야 할 과제들을 제시하였습니다. '공모 중심의 사업 방식과 짧은 기간으로 발생하는 배움의 단절(1월~5월)을 어떻게 해결할 것인지', '해마다 바뀌는 사업, 구성원이 해마다 바뀌는 등의 문제', '국가 및 지방정부 선거에 따른 정책의 변화로 인한 불안정성', '마을학교와 연관이 깊은 다른 부서들의 사업과의 연계성, 통합성 부족', '기초지방자치단체 수준보다 작은 단위의 교육 거버넌스, 즉 읍·면·동 단위, 학교 중심 거버넌스의 활성화' 등을 언급하였습니다. 이를 위해서 칸막이 행정과 같은 오랜 관성, 국민 위에 군림하려는 관료주의와 행정편의주의를 극복해야 할 것이며, 관련 법령과 조례 등 제도의 개선도 뒤따라야 할 것입니다.

셋째, 중간지원조직입니다. 전남 순천 풀뿌리교육자치협력센터 임경환 센터장님은 중간지원조직의 역할에 대해 다음과 같은 제안을 하였습니다.

① 지역교육 담론 만들기 ② 민·관·학 거버넌스 체계 구축 ③ 교육적 공공성을 가진 교육시민 발견 및 양성 ④ 지역 교육 관련 단체 인큐베이팅 ⑤ 읍·면·동마다 마을교육자치회 육성 ⑥ 학교 구성원들에게 마을교육에 대해서, 마을 사람들에게 학교에 대한 이해도 넓히기 ⑦ 청소년들의 공간 만들기.

아울러 중간지원조직이 잘 운영되기 위한 방안으로 다음과 같은 내용을 제안해 주었습니다. ① 지역 교육운동가들을 중간지원조직 활동가로 키워내기 ② 중간지원조직 활동에 대한 관의 신뢰 및 지원 ③ 사업비보다 인건비의 지원 ④ 교육경비보조금이 마을교육공동체에 쓰일 수 있는 관련 법 개정 ⑤ 기초 지자체 단위의 마을교육공동체 활성화 조례 제정 ⑥ 담당

공무원의 장기 근무 ⑦ 민·관·학 담당자들 간의 인식 공유 ⑧ 학교 구성원들의 마을교육공동체에 대한 이해 ⑨ 활동가들의 끊임없는 새로운 시도와 공부 등입니다.

이는 현장에서 활동하는 분들이라면 충분히 공감할 만한 내용으로, 중간지원조직이 아직 없는 지역에서 혁신교육지구센터 혹은 마을교육공동체센터를 만들 때 반드시 염두에 두어야 할 실질적인 사항입니다.

넷째, 청소년 자치활동입니다. 경기 산내초등학교 서우철 교감 선생님은 다음과 같은 정책을 제안해 주었습니다.

먼저 마을교육공동체를 통한 청소년 자치활동의 중요성을 네 가지로 제시하였습니다. ① 진학 중심의 학교교육에서 벗어나 마을교육공동체를 통해 주도적인 학습 경험을 함으로써 삶의 주체의식, 시민의식 형성 ② 청소년 자치활동을 지원하는 마을교육공동체 인식을 통해 공동체 의식 함양과 자기가 살아가고 있는 삶터로서의 지역사회 인식 ③ 앎과 삶을 연결하며 삶터로서의 지역사회 내 문제를 주도적으로 해결하는 과정을 통해 지역 정주의식 형성 ④ 학교교육의 혁신에 영향, 교육의 다양성 추구 등입니다.

다음으로 청소년 자치활동을 통한 마을교육공동체 활성화 방안으로 열 한 가지를 제안하였습니다.

① 청소년이 주도할 수 있는, 아이들과 함께 만들어 가는 마을학교 운영 ② 공동체, 공공성, 공익성 추구의 방향성 공감대 형성 노력 ③ 지역사회

문제 인식 및 해결 프로젝트 활성화 ④ 마을학교들이 다양한 청소년 요구를 반영하는 교육 시스템으로 변화하려는 노력 필요 ⑤ 마을학교에 참여하는 청소년 리더 교육 활성화 ⑥ 마을학교에서 성장한 청년의 적극적 참여 유도를 통한 청소년-청년 연결 ⑦ 청소년을 거쳐 지역 내 청년 자립까지 목표의식을 갖고 지원하는 노력 ⑧ 청소년도 동등한 주체로 참여하는 마을교육공동체 배움터 운영 ⑨ 단기성 공모사업 중심, 마을교육공동체가 없는 마을학교를 지양하고 마을교육공동체 기반의 지속가능한 마을배움터 운영 ⑩ 청소년 자치의 범위를 활동에서 그치지 말고 교육과정, 수업, 삶의 영역으로까지 확장하는 사고 필요 ⑪ 마을교육활동가들의 조력 전문성 함양을 위한 노력 등이 필요하다는 것입니다.

마지막으로 마을교사의 길잡이 역할을 열한 가지로 제시하였습니다. ① 자발적인 참여가 가능한 환경 조성(선택권, 주도권 보장) ② 관계 만들기 ③ 허용적이고 민주적인 분위기 만들기 ④ 개방적인 질문하기 ⑤ 적극적인 조력하기 ⑥ 결정은 아이들이 함께 내리게 하기 ⑦ 보다 더 깊은 생각을 유도하는 질문하기 ⑧ 한 명 한 명의 역할이 생기게 각자 책임을 다하기 ⑨ 모두 참여하여 이야기하게 하기 ⑩ 각자의 성장지점 짚어 주고 도전과제 함께 찾아보기 ⑪ 내버려 두지 않고 끝까지 함께하기 등입니다.

경기도교육청의 몽실학교를 만들 때부터 그리고 현재 안착화 과정까지 많은 역할을 하신 분의 치열한 현장 경험이 묻어나는 생생한 정책 제안이라고 하지 않을 수 없습니다.

김태정 교수님은 작년부터 저와 함께 전국 곳곳을 순회하면서 현장의 목소리를 듣고 계십니다. 지난 10월 9일 토론회에서도 현장의 구체적인 정책 제안들이 쏟아져 나왔는데, 그 이후로도 전국 순회토론회 과정을 통해 현장 교사, 학부모, 마을교육활동가의 목소리를 들으셨습니다. 가장 인상 깊었던 경험에 대해 들려주시죠.

심성보 김태정 선생님과 함께 전국 순회를 하면서 현장의 목소리를 듣게 된 것은 저의 학문체계를 근본적으로 바꾸는 계기가 되었습니다. 이분들의 말씀을 들을 수 있었고, 저의 인식체계에 변화를 가져왔습니다. 인식과 실천의 변증법을 몸소 배울 수 있었습니다. 특히 지역사회 마을 주민들의 변화 의지를 읽을 수 있었습니다. 변화를 가로막고 있는 현실에 대한 분노와 함께 그것을 집단적으로 해결하려는 작은 모임들의 태동을 목격하면서 새로운 사회의 변화 징후를 예감하였습니다. 현장의 목소리를 듣지 않으면 기존 교육학의 이론체계가 무용지물이 되고 무너질 것이라는 위기 같은 것을 느꼈습니다. 이런 체감이 지적 자극이 되어 제가 더 많은 공부를 하는 계기로 작용하고 있습니다. 제가 앞으로 이들을 위해 실천적 이론가(학자)로서 무엇을 해야 할지를 생각하기 위해 더욱 열심히 공부하는 발전의 동력으로 작용하고 있습니다. 이런 자극을 준 마을교육활동가님들에게 감사할 뿐입니다. 마을이 세계를 구합니다. 미래 세계의 희망은 아무런 강제와 무력이 없고, 모든 활동이 자발적인 협력으로 이루어지는 작고 협력적인 마을에 있습니다.

김태정 마을교육공동체는 전국적으로 확산 중입니다. 기존의 학교 중심 교육 패러다임에서 학교와 마을이 상생하는 교육 패러다임으로의 변화이기도 하고 이는 전 세계적인 현상인 것 같습니다.

우선 2018년에 발표된 〈OECD 교육 2030〉에서는 학생들이 더 나은 삶을 위해 사회를 변혁하고 미래를 만들어 가는 데 필요한 지식, 기능, 태도 및 가치들을 포함한 것을 변혁적 역량(Transformative Competencies)으로 정의하고 있습니다. 또한 협력적 주체성(co-agency)은 학부모, 교사, 지역사회가 서로 간에 상호작용하고 상호 지원하는 관계에서 형성되며, 학생만이 아니라 교사, 학부모, 지역사회 등 모든 사람들을 학습자로 간주하고 있습니다.

다음으로 2021년 11월에 발표된 유네스코의 <교육을 위한 새로운 사회계약>이라는 보고서는 교육을 공공재(public good)에서 공동재(common good)로 규정하고 있습니다. 여기서는 교육을 개인적 성공이나 경제 발전을 위한 도구로 사고하는 것에서 벗어나, “집단적 노력을 중심으로 우리를 통합하고, 사회, 경제 및 환경 정의에 기반을 둔 모든 사람들을 위한 지속가능한 미래를 형성하는 데 필요한 지식, 과학 및 혁신을 제공하는 것을 목표”로 해야 한다고 제안하고 있습니다. 또한 ‘연대와 협력을 촉진하는 교육’을 강조하며, 학습의 강력한 동기는 상호 신뢰성과 상호 관련성에 근거하는 것이며, 이를 위해 ‘교사 간 협력 구조’와 ‘교사, 학교와 지역사회와의 연결’을 특별히 강조하고 있습니다.

마지막으로 신자유주의적 경쟁 패러다임의 종언과 협력과 연대에 대한 강조가 기존의 주류세력의 입에서도 나오고 있다는 점입니다. 세계경제포럼 회장을 역임한 클라우스 슈밥은 최근에 『위대한 리셋』이라는 책에서 "코로나19 사태를 겪으면서 건강과 교육 등의 책임을 개인과 시장에 떠넘기는 게 사회의 이익에 최선이 아닐 수 있다는 게 밝혀졌으며", 새로운 사회계약이 필요하다고 주장하면서 "더 광범위한 사회 지원, 사회보험, 의료 및 기본 품질 서비스 제공의 필요성, 노동자와 현재 가장 취약한 계층에 대한 보호를 강화하려는 움직임의 필요성"을 강조하였습니다.

평생 교육학자이자 실천가로 사회운동에 몸담아 오신 교수님의 입장에서 마을교육공동체의 교육학적, 사회운동적 의미는 무엇이고, 향후 발전 전망은 어떻게 보시나요?

심성보 지역의 지속가능성이 망가지면 국가 전체가 망할 것입니다. 이런 문제의식을 지닌 지역 마을교육활동가들의 자발적 활동과 운동을 보면서 지역의 생생한 목소리를 들을 수 있었습니다. 작년에 어느 지역에서 강의하면서 오늘날 학교교육의 제국화 현상으로 지역과 마을이 식민화되었는데, 지금 지역 마을교육활동가들의 운동은 바로 지역 주민의 자유를 찾고자 하는 해방운동이며, 공교육의 철옹성을 허물고자 하는 혁신학교가 대안학교, 실험학교가 되었듯이 마을학교도 지금 대안적 실험을 하는 모델 학교가 되고 있다는 이야기를 한 적이 있었습니다. 강의가 끝나자마자 제가 마치 인기 가수라도 된 듯, 사진을 찍자며 자녀와 함께 막 달려온 분들이 있었습니다. 순간 깜짝 놀랐는데, 아마도 제 말이 힘겹게 활동하고 있는 학부모이자 마을교육 활동가인 그분들에게 활동의 정당성을 부여하고 존중하는 긍정의 신호와 희망의 발언으로 받아들여졌던 것 같습니다. 활동가들의 현장 실천을 이론적으로 설명해 주는 학자들의 역할이 매우 중요하다는 생각을 그날 하였습니다.

이후에도 지역을 순회하면서 새로운 변화를 시도하려는 아래로부터의 운동이 일어나고 있다는 것을 수없이 직감하였습니다. 지역민들의 주체의식 출현을 보면서 사회 변화의 징후를 감지할 수 있는 순간이었습니다. 구조의 균열을 내고자 하는 주체들의 꿈틀거림으로 감지되었습니다. 혁신학교운동이 공교육의 르네상스이듯이, 마을교육공동체운동도 지역사회 교육운동의 새로운 르네상스로 보였습니다. 학교교육의 '제국화 현상'이 지역과 마을을 '식민화'한 근대 교육의 적폐를 해결하려는 주체들의 출현을 목격하면서 우리 사회의 희망을 발견하였습니다. 지역의 지속가능성을 걱정하는 지역의 역사와 자원에 대해 깊이 연구해야 합니다.

사실 작은 마을자치공화국이 실제로 가능해지려면 지역에서 살고, 일하고, 놀고, 공부할 수 있는 환경을 조성해야 합니다. 이런 환경을 조성하려면 서울 중심, SKY 중심의 학벌체제를 해체해야 합니다. 대학서열체제는 초·중등 학교현장의 인간화와 민주화, 공동체화와 생태화 등 아래로부터 올라오는 상향적 운동을 억누르기 때문입니다.

따라서 마을의 연합이 국가의 연합으로, 이것이 다시 세계의 연합으로 나아갈 수 있다는 희망도 가져야 합니다. 마을의 자치와 민주주의가 취약하면 국가주의의 위험이 드러나게 되고 결국 권력의 타락을 막을 방법이 없을 것입니다. 위로부터의 변화와 아래로부터의 변화가 서로 만나 새로운 국가와 새로운 사회의 출현을 도모해야 합니다. 향후 마을교육의 이론과 실제를 정리한 '마을교육학' 입문서 작업을 해야겠다는 각오도 해 봅니다.

시민의 손으로 만드는 한국 교육 대전환 2차 순회토론회 인사말(2021년 10월 9일)

마을교육공동체가 우리 사회의 미래입니다

심성보

지구온난화와 함께 미래 세대가 살아갈 자연공유지가 심각하게 훼손되고 있습니다. 환경파괴, 기후변화, 빈발하는 자연재해의 시대에 자연공유지가 심각한 침해를 받고 있습니다. 사적 이득을 위해 공유지를 찬탈하는 자본과 권력의 힘이 더욱 커지고 있습니다. 인류가 지난 세기에 이룩해 온 산업과 기술의 발전 업적은 그 성장만큼이나 커다란 그림자를 만들어 놓았습니다.

근현대의 역사는 가히 '학교교육 혁명기'로 특징지을 수 있습니다. 학교교육의 확대와 팽창은 교육의 기회균등을 도모하는 공교육의 이상을 구현하고자 하였습니다. 그런데 근대화의 물꼬를 튼 진보의 개척자로 여겨진 학교가 지금은 퇴보의 화신처럼 취급되고 있습니다. 우리나라는 근대 산업화를 거치면서 압축 성장과 눈부신 경제 발전을 이뤄 냈고, 국가가 발전할수록 서울이 발전하여 소위 '한강의 기적'을 일궈지만, 마을과 지역은 한없이 쪼그라들었습니다. 개인이 출세하고 나라가 발전해도 마을은 쇠락하고, 지역은 황폐해졌습니다.

특히 아이에서 어른까지 사람들이 모두 수도권으로, 대도시로 나가면서 마을과 지역은 점차 쇠락해졌습니다. 게다가 학교가 교육을 전담하면서 마을의 교육적 기능도 동시에 사라졌습니다. 그동안 마을은 변방의 가치였고, 수도권의 명문대 진출이 교육의 목표로 굳건하게 자리 잡아 갔습니다. 이러한 압축적 근대화와 산업화 과정으로 인해 빚어진 학교교육의 제국화 현상은 지역사회/마을의 식민화 현상을 초래하고 말았습니다. 이에 힘겹게 대항하는 지역 주민들의 마을교육공동체운동이 혁신학교운동과 함께 부활하고 있습니다. 앤디 하그리브스가 강조하듯 제4의 교육개혁 물결 운동으로서 지역사회 조직화 운동이 지금 전국에서 우후죽순처럼 일어나고 있습니다. 이러한 운동의 과정에서 탄생한 '마을학교'는 공교육의 대안으로 혁신학교가 등장했듯이 대안학교 모델의 좋은 징후를 보여주고 있습니다.

현재 공교육의 구조적 모순에 균열을 내는 '대안학교'와 '혁신학교' 운동이 싹을 틔우고 진화 중입니다. 차가운 학교에서 '따뜻한 학교'로, 부조리한 학교에서 '정의로운 학교'로, 기술공학적 학교에서 '생태적 학교'로, 생산력 발전을 위한 교육과정에서 '아동의 발달·성장을 고려하는 교육과정'으로 만들고자 하는 교육운동이 전국에서 일어나고 있습니다. 또한 식민화된 지역사회/마을의 자유와 해방을 찾기 위해 '마을교육공동체운동'이 벌어지고 있습니다. 지역사회의 '마을학교' 모델이 출현하고 있습니다. 마을학교는 배움 공간과 배움 시간의 확대, 배움과 가르침 주체와 교육 내용의 확장을 추구합니다.

마을교육공동체운동은 학생들과 지역사회와 원활한 연결망을 구축하면서 기존의 학교 담장을 넘어서고자 하는 '지역공동체 학교운동'입니다. 공동체가 없는 교육이란 존재할 수 없습니다! 학교는 고립된 섬이 아닙니다! 마을이 살아야 농촌이 살고, 농촌이 살아야 국가가 살 수 있습니다. 학교가 살아야 마을이 살고, 마을이 살아야 지역이 살 수 있습니다. 농촌이 풍요롭지 못하면 도시가 아름답게 발전하기 어려울 것입니다. 마을이란 '주민이 일상생활을 영위하면서 사회적, 심리적 유대관계를 바탕으로 교육, 경제, 문화 등을 공유하는 공간적, 사회적 범위'를 말합니다.

오늘날 세계교육개혁은 '지역사회 조직화 운동'을 활성화하는 방향으로 새롭게 나아가고 있습니다. 학교는 더 넓은 세상으로 연결되어야 합니다. 학교 안과 밖을 자유롭게 넘나들어야 합니다. 최근 활발하게 벌어지고 있는 우리의 '마을교육공동체운동'은 분명 근대 교육의 반성과 함께 새로운 사회의 출현을 알려 주는 문명 대전환의 징후로 보입니다. 마을교육공동체란 '학교와 마을이 아이들을 함께 키우고 마을이 아이들의 배움터가 되도록 학교와 마을, 지자체와 교육청, 그리고 부모와 시민사회가 협력하고 연대하는 교육생태계'를 말합니다.

마을교육공동체운동의 출현은 제2의 근대 교육을 위한 새로운 출발입니다. '마을교육공동체운동'은 새로운 시대의 흐름에 부응하는 역사적 운동입니다. 급격한 전환이 이루어지는 시대에 능동적으로 대처하려면 지역사회로부터 고립된 학교를 지역사회/마을과 연결된 학교로 만들어야 합니다.

과도한 근대화가 빚어낸 자연과 마을의 파괴가 초래한 코로나 바이러스의 창궐은 인류의 파괴와 함께 지방의 소멸을 불러왔습니다. 그런데 지금 역설적으로 코로나 사태로 인해 마을을 호출하고 있습니다. 코로나 바이러스를 이겨 낼 수 있는 지속가능한 발전의 대안으로 '마을교육공동체'를 통한 생태교육을 요구하고 있습니다. 다른 생명체와의 연대성, 생명에 대한 존중을 중시하는 '지속가능발전교육(ESD)'에는 경제적·생태적·사회적·정치적 지속가능성을 서로 연동시키는 교육개혁 전략이 요구됩니다. 사회구조 및 교육체제 그리고 생태계를 종합적으로 변혁시키는 '비판적 생태교육학 운동(critical eco-pedagogy movement)'을 해야 합니다. 기후위기와 코로나 바이러스의 발흥은 '장소 기반 생태교육'을 호출하고 있습니다.

인간 돌봄(아이, 노인, 장애인 등)에 머물지 않고, 자연 돌봄/생태 돌봄으로 나아가는 이동을 보이고 있습니다. 특히 코로나 바이러스 변종이 계속 나타날 것이 예견되는 상황에서 코로나 바이러스 발흥의 근원적 해결을 위해 밀집·밀접·밀폐되지 않은 '생태적 마을공동체'에서 대안적 유토피아를 찾아야 한다는 지역교육운동이 부상하고 있습니다. 미래교육의 한 지향으로서 '마을학교'가 새삼 관심을 끌고 있습니다.

마을은 국가의 원형입니다. 마을은 국가의 토대를 이루는 단위로서 마을이 확대되어 고을이 되고 고을이 모여 국가가 되어야 합니다. 마을은 공동체 구성원들의 삶이 이어지는 공간입니다. 마을은 사람들이 삶을 유지하는 가장 기초적인 단위로 작은 국가와 같습니다. 마을의 원리가 이제 세계의 원리가 되어야 합니다. 국가가 마을자치를 기반으로 하여 형성될 때 튼튼한 국가 공동체가 형성될 수 있습니다.

이제 마을 공화국과 국가 공화국, 그리고 세계공화국을 공존시켜야 합니다. 이런 차원에서 국공립대학 연합체제 구축은 지역사회를 살리는 지방분권과 자치를 통해 해결되어야 합니다. 이를 위해 시·군·구에서 읍·면·동으로 자치가 확대되어야 합니다. 일반자치와 교육자치의 협치 강화를 위해 '읍·면·동장 공모제 또는 주민직선제'와 '교육장 공모제 또는 주민직선제'가 이루어져야 합니다. 그러기에 마을교육공동체운동은 주민자치와 교육자치의 협치로 시민들이 주권자로서 교육에 참여하는 사회운동의 성격을 갖고 있습니다. 특히 기후위기와 코로나 발흥 등 비상한 상황에서 지방분권과 함께 시민주권과 의회주권 및 행정주권의 협치를 촉구하는 주민자치운동, 그리고 마을교육공동체운동의 협력적 관계가 절실합니다.

민족국가 시대의 '국민을 키우는 교육'에서 '지역의 시민을 키우는 교육'으로 학교교육의 목표와 방향을 전환해야 합니다. '국가 중심 교육'에서 '지역 중심 교육'으로 전환하고, '국민을 키우는 교육'에서 '지역의 시민을 키우는 교육'으로 변화되어야 합니다. '주민의 시민화'를 더욱 강조하는 것은 우리나라에 그동안 '국가의 국민'은 있되, '지역의 시민'은 없었기 때문입니다.

국가의 민주화와 함께 마을의 민주화가 중요한 이유가 여기에 있습니다. 마을의 민주주의, 마을공화국의 건설 없는 국가공화국의 강화에는 전체주의화의 위험이 도사리고 있습니다. 그러므로 지역·국가·세계가 동시적으로 진화되는 공진화가 요구되고 있는 것입니다.

그러면 우리는 어떻게 할까요? 지역사회에서 마을의 새로운 탄생이 가능해지려면 지역과 마을의 '주체'로 단생해야 합니다. 주체가 형성되지 않으면 새로운 마을의 탄생은 불가능합니다. 마을의 주체로 탄생하려면 가정혁명, 학교혁명, 그리고 마을혁명이 함께 이루어져야 합니다. 우리 모두 지역 또는 마을의 주체로 나섭시다. 지역과 마을의 주체가 되게 하는 마을교육공동체가 우리 사회의 미래입니다. 앎과 삶의 통합, 경계를 넘어서는 융합적 사고와 경험, 주체적인 학습자를 복원해 내는 것이 마을교육공동체운동입니다.

오늘의 열띤 논의와 토론이 지역과 마을을 살리는 계기가 되기를 소원합니다.

3장

대학서열체제, 입시경쟁교육 해소, 어떻게 가능한가?

2021년 10월 15일

부산에서 시민의 손으로 만드는 한국 교육 대전환 온라인 3차 순회토론회가 진행되었습니다. 3차 토론회의 주제는 '대학서열체제, 입시경쟁교육 해소 방안'이었으며, 발표는 대학무상화·평준화국민운동본부 김학한 정책위원장님이, 토론은 대구대학교 안현효 교수님과 한국학중앙연구원 이길상 교수님이 해 주셨습니다.

2021년 10월 15일 토론회에서 김학한 선생님이 발표하신 내용을 요약 정리해 보면 다음과 같습니다.

첫째, 대학 무상화·평준화가 불가능한 것이 아니라 교육 선진국에서 보편적인 것임을 제시하였습니다. 유럽 교육 선진국들은 대학이 대체로 평준화되어 있는데 북유럽처럼 아예 대학서열이 없거나 제한적이며, 대학입학자격고사로 대학입시 경쟁이 한국처럼 극심하지 않기에 초·중·고교 교육과정이 한국처럼 파행적으로 운영되지 않는다는 것입니다. 신자유주의 국가로 알려진 영국만 하더라도, 정부책임형 사립대의 비중이 높기에 대학 공공성이 한국보다 월등히 높다고 합니다. 프랑스의 경우 1968년 혁명 시기에 고등교육기관의 확대 및 모든 계층에 대한 개방, 전면적인 대학 자치와 민주화 추진이 요구되었고, 그 결과 국립행정학교, 고등상업학교, 고등사범학교 등 엘리트 교육기관인 그랑제콜을 제외한 대학들이 평준화되었습니다. 그리고 2021년 노란 조끼 시위 이후 국립행정학교 폐지를 결정했습니다. 마크롱 정부가 우파 정부로 분류되는 것을 감안하면 의미하는 바가 매우 클 것입니다.

둘째, 대학통합네트워크를 통한 대학서열체제 해소 방안을 제안하였습니다. 대학통합네트워크를 제기하는 배경에는 한국의 특수한 상황이 반영되어 있다고 합니다. 한국은 사립대학의 비중이 매우 높고, 서열 상위권 대학들이 수도권에 집중되어 있으며 대부분 사립입니다. 그래서 현재의 사립대학을 영국의 대학들처럼 정부책임형 사립대학(혹은 공영형 사립대)으로 전환하는 방안이 필요하다는 것입니다. 대학통합네크워크 안으로 들어온 대학들은 공동선발-공동학점(학점교류)-공동학위제도를 도입하게 됩니다. 대학입학자격고사를 통과하여 자격을 얻은 학생이 1, 2, 3지망으로 대학을 지원하되, 거주지별 배정을 원칙으로 하고, 전공과정 진학은 희망하는 학과를 지원하도록 하되, 전공별로 학위수여 정원을 두고 정원 초과 인원에 대해서는 지속적으로 전과를 추진한다는 것입니다. 만일 전공과정 진학 시 특정 캠퍼스에 집중도가 높을 경우 교양과정 이수 성적 등을 고려하여 배정하는 방안을 적용한다는 것입니다. 이를 통해 대학 간의 서열을 완화 해소해 나가는 것입니다. 대학통합네크워크가 실효성을 가지려면 대학교육이 무상화되어야 합니다. 현재 고등교육재정을 GDP 1% 수준으로 끌어올리면 가능할 것으로 예측되는데, 대학 무상화에 소요되는 예산은 2025년을 기준으로 입학 가능한 학생이 모두 진학했을 경우, 10조 370억 원으로 추정된다고 합니다.

셋째, 현행 대입제도의 대학입학자격고사로의 전환을 제안하였습니다. 프랑스 바칼로레아의 경우 국가 수준 대입자격고사(논술형)의 통과 여부로 학생을 선발하며, 독일 아비투어의 경우 고교 내신 성적과 국가 수준의 대입자격시험 두 가지 시험을 합산하여 자격시험 통과 여부를 결정하고 있음을 소개하면서, 한국의 경우 독일의 아비투어 방식을 준용하되, 과도기적으로 수능시험을 9등급 상대평가에서 5등급 절대평가로 전환하는 방안을 제시하였습니다.

넷째, 대학 평준화와 무상화에 회의적인 입장을 갖는 사람들이 주로 하는 질문에 대해서도 답을 제시하였습니다.

먼저 대학통합네트워크가 되면 대학이 하향평준화되고 서울의 주요 사립대가 대학서열의 상위를 차지하여 대학서열체제가 지속, 강화될 것이라는 주장에 대해서는, "대학통합네트워크 참여 대학(사립대학 포함)에 법정교원 확보 및 교원, 교직원에 대한 임금 지급, 대학 무상화를 통해 대학의 수준을 높이게 될 것"이며, "법학, 행정학, 교육학 대학원과 의학, 치의학, 수의학 대학원 등 사회적으로 공공성이 높은 전문대학원 정원을 지역별로 인구비례로 설치하고, 대학통합네트워크에 참여하는 대학의 정원을 확대하여 수도권 집중을 해소할 것"이라고 답하였습니다.

다음으로, 대학에 가는 사람들이 너무 많고 학력 인플레가 발생하므로 대학에 투자를 할 필요가 없고, 학력에 따른 차별을 줄이는 게 현실적이라는 주장에 대해서는, "대학 입학률이 높아지는 것은 세계적인 추세이고, OECD 회원국의 경우 1995년 평균 37%에서 2015년 55%로 크게 상승하였으며, 우리나라도 1995년 41%에서 2015년 55%로 높아져서 보편화 단계에 도달하였으며, 대학교육이 보편교육이 되고 있는 상황에서 대학서열 철폐가 학력에 따른 임금격차를 해소하는 데 사회적으로 유리한 조건을 형성할 수 있다"라고 답하였습니다.

마지막으로, 경쟁을 통해 우수한 학생을 선발해야 대학이 학문 경쟁력이 생길 것이므로 공동선발, 공동학위를 중심으로 하는 대학통합네트워크의 구성은 학문 경쟁력을 떨어뜨릴 것이라는 주장에 대해서는, "학문 연구는 학부 수준에서 이루어지는 것이 아니라 대학원 이후 과정에서 이루어지는데, 대학통합네트워크는 학부 수준만이 아니라 대학원 수준에서도 이루어지는 것으로, 이미 세계적으로 대학교육의 질을 향상하고 연구 역량을 강화하기 위해 다양한 방식으로 대학 간 교류와 대학연합체제를 구성하여 대학 간의 네트워크를 통해 학문 간 융합, 학문 교류를 통한 연구 성과를 공유하고 있기에, 지금과 같은 대학서열체제가 오히려 한국 대학의 학문 경쟁력을 낮추고 있다"라고 답하였습니다.

김태정 올해 대선과 지방선거를 앞두고 교육계에서도 다양한 정책 제안들이 이루어지고 있습니다. 그런데 정작 대선 후보들의 공약을 보면 그간 교육현장이나 학계에서 논의되었던 흐름과는 다른 내용이 나오는 것 같습니다. 대표적인 것이 공정성을 강조하면서, 대학입시에서 '정시'의 비율을 높이겠다는 주장입니다.

정치인들의 상당수는 대학서열체제를 통해 학벌을 획득한 분들인데, 이는 통계에도 나타납니다. 국회의원, 고위공무원, 기업 CEO의 상당수가 SKY 출신입니다. 또 SKY를 나오지는 않았지만, 치열한 경쟁을 뚫고 시험을 통과하여 자수성가를 한 사람들도 대부분은 능력주의를 신봉하며 시험은 '공정하다'고 인식하는 것 같습니다. 그 결과

‘개천에서 용 나는 세상’으로 다시 돌아가자는 수준으로 공약을 걸거나, 교육을 계층상승의 도구로 사고하는 낡은 경향에서 벗어나지 못하고 있습니다. 여기에 20대의 보수화라는 현상이 착종되면서, 대중의 욕망에 굴종하는 태도가 나타나는 것 같습니다. 앞서 언급한 ‘정시’를 확대하겠다는 발상도 그런 맥락인데요. 교수님은 ‘정시’ 확대와 같이 ‘공정성’을 이야기하면서 ‘시험을 통한 선발’을 강조하는 것에 대해서 어떻게 생각하시나요?

심성보 한국 사회를 뜨겁게 달구고 있는 ‘교육 공정성’ 논란은 교육이 교육적 가치로 인식되고 실천되지 않는다는 점을 대표적으로 보여 주고 있습니다. 한국의 수능 시험은 고등학교 전 과정을 배워야만 풀 수 있는 표준화된 성취 시험입니다. 교육정책이 정치체제에 의해 기획되고 적용되는 것이라고 할 때, 현 정부에서 지속적으로 논란이 되는 ‘공정’ 프레임은 문재인정부 출범 초기의 ‘입시제도 공론화’ 사태 때부터 스스로가 놓은 ‘덫’이라고밖에 볼 수 없습니다. 그 연장선에서 최근의 공정 담론은 2000년대 교육계의 주도 담론이었던 ‘경쟁’이 ‘공정’으로 외피를 바꾼 것에 불과하다고 보입니다. 공정은 경쟁에 비해 일정한 가치 지향을 드러내는 점에서 겉보기에 꽤 세련된 표현처럼 보일 수도 있는데, 결국에는 ‘점수로 구분하기’, ‘석차 서열에 승복하기’, ‘자기 소유물 지키기’ 등 익숙한 변별 문화 코드들을 그대로 반영하는 것에 지나지 않습니다.

사실 글로벌 담론으로서의 ‘경쟁’이 노쇠해진 시점에 지난 30년간 신자유주의 교육의 결과가 '공정'으로 탈바꿈하여 대체 담론의 역할을 하였습니다. 이런 면에서 대학입학시험에서 정시를 확대하겠다는 것은 곧 4지 선다형 평가인 객관식 시험을 확대하겠다는 것으로서, 외형적으로 보기에는 공정한 시험일 수도 있겠지만 정답을 찾는 문제풀이 시험이기에 근본적으로 사회 변화를 유도하는 대학에서의 수학할 수 있는 능력을 지녔는가를 확인할 수는 없습니다. 이런 시험은 근대화 개발 시대의 목표 지향 테스트에 불과하며, 창의성 계발에는 아무런 효력을 발휘할 수 없습니다. 시험 외의 다양한 능력을 발휘할 수 있는 21세기 교육체제의 건설에서 4지 선다형 객관식 시험 체제는 과거의 것입니다. 문명 전환적 시대 또는 포스트 코로나 시대에는 맞지 않습니다. 정답 고르기 중심의 객관식 시험 체제, 그것도 정시 확대 정책은 산업화 초기 소품종 대량생산 체제 시절에나 맞는 제도로, 이미 산업화 후기의 다품종 소량생산 체제를 넘어 최근의 디지털 경제, 플랫폼 자본주의라는 자본주의 트렌드에도 부합하지 않는 제도입니다. 신자유주의 경쟁을 넘어 협력과 공유를 강조하는 포스트 코로나 시대를 대비하는 데에도 맞지 않습니다. 특히, 전인적인 발달에 기초한 다양한 창의적 인재 선발과 양성 체제에도 적합하지 않습니다.

물론 아무리 입시체제를 바꾸고 입시를 통한 공정성을 이야기한다고 해도 산업자본주의 사회의 공고한 '교육 카르텔'이 흔들리지 않는 한 변화는 쉽지 않을 것입니다. 이것이 공정성 담론이라는, 한국 사회에서 능력주의를 재생산하는 형식의 담론에서 벗어나야 하는 이유이기도 합니다. 공정의 탈을 쓴 정시(수능)중심 체제에서는, 학교의 서열화는 '능력주의'[5]를 실현하는 필수적 과정이었기 때문입니다. 서열화된 학교를 빠져나갈 수 없도록 하는 사사화(私事化, privatization)된 능력으로 만드는 과정이 바로 '대학입시체제'였기 때문입니다. 한국 사회에서 능력주의는 사교육기관의 생존 각축장을 위한 먹잇감만 제공했습니다. 시험을 통한 승자에게는 자신의 능력을 과시하는 오만함을 갖게 하고, 정반대로 패자는 열패감에 시달리게 하여 공동체의식의 파괴를 가져오고 있습니다. 수능은 도구적 지식을 테스트하는 시험으로 세계의식을 지닌 인물을 기르지 못합니다. 세상 물정을 모르게 하고 인간적 성숙도 가져올 수 없는 암기 위주의 기계적 학습은 21세기 교육 목적으로는 적합하지 않습니다.

결국 능력주의에 대한 맹신은 자신의 성공을 오직 자기만의 능력과 노력의 결과로 바라보는 오만을 낳고 맙니다. 이런 오만이 성공하지 못한 자들에 대한 무시를 낳고, 이는 폭정으로 이어질 것입니다.

---

5) 능력주의(meritocracy)는 문자적으로 '능력(실력)에 의한 지배'를 의미한다. 능력주의는 개인의 능력에 따라 사회적 지위나 권력이 주어지는 사회를 추구하는 정치철학이다. 능력이 있을수록 더 좋은 대우를 받으며 더 많은 보수를 받아야 한다는 사상이다. 흔히 '실력주의'라고도 한다. 능력주의라는 이데올로기는 자칫하면 직업, 계층, 계급 간 차별이 능력에 따라 정해진 것이니 정당하다는 허위의식을 심어 줄 위험이 있다. 그런데 능력주의 이데올로기가 문제인 것은 사회적 경쟁체제에서 승리한 자들의 신념으로 쉽게 변질될 수 있기 때문이다. 이러한 능력에 따른 차별적 보상에 대한 인정체제인 능력주의는 불평등을 강화하는 비민주적 기제가 될 가능성이 있다. 경쟁과 서열(다층적 위계)을 부추겨 독점(승자독식)을 정당화하면서 심각한 사회경제적 격차(양극화)를 고착화할 위험이 있는 것이다. 특히 우리나라의 '유교적 능력주의' 이데올로기는 입신출세주의와 결합하여 전통적인 유교적 주체들을 아주 효율적이고 적극적인 근대적 주체로 변모시키는 데 기여하여 자본주의적 근대화를 성공적으로 완수시키는 문화적 원동력으로 작용하였다. 능력주의가 개발주의의 개인 규범으로 내면화되고 '육화된 신자유주의'의 행동규범으로 작동하기 때문이다. 이렇게 하여 승자에게는 오만을, 패자에게는 모멸감을 주어 공동체 의식을 파괴하는 기제가 되는 것이다.

능력주의(능력에 따른 차별적 보상을 정당화는 체제)는 사람을 어떻게 대할지, 세상과 어떤 관계를 맺으며 살아가야 할지 등 사회가 지향하는 가치에 대해 윤리적으로 생각할 기회를 허용하지 않아, 인간을 비인간화시킬 것입니다.

공정한 교육을 이야기하면서 대학 입시전형을 어떻게 할 것인지, 고교체제를 어떻게 바꿀 것인지, 고등학교 학생부 기재 내용을 어떻게 조정할 것인지, 사교육을 어떻게 통제할 것인지에 온 국민의 눈과 귀가 쏠려 있습니다. 따지고 보면 이는 교육제도와 정책의 문제가 아니라 교육제도와 정책을 대하는 한국인들의 태도와 대응에 관한 것입니다. 지금 교육의 문제를 넘어섰거나 교육 테두리 바깥의 것들이 이야기되고 있습니다. 공정한 교육을 이루어야 한다는 목표에는 다들 공감하지만, 이를 어떻게 달성하고 구체적으로 실천할 것인가의 문제에 들어서면 합의를 이루기 어려워집니다. 따라서 당위적으로 도달해야 할 규범적 목표로서의 교육에 대한 논의는 사회적 합의가 어려운 주제로 남아 있습니다.

김태정 지난 대통령 선거에서 문재인 대통령 후보는 대학네트워크를 통한 서열화 완화, 공영형 사립대학 등과 같은 공약을 통해 한국 사회의 고질적인 문제점인 대학서열 문제를 해결할 수 있으리라는 기대를 품게 했으나, 정권 말기까지도 이를 제대로 이행하고 있지 못합니다. 대학서열체제 해소 방안이 제안된 지 꽤 오랜 시간이 지났고, 그동안 다양한 안들이 제안되었습니다. 사실 대학서열체제 해소 방안이 이론적으로 본격 제기된 것은 2003년 정진상 교수 등의 '대학통합네트워크 방안'입니다. 그리고 2004년 WTO 교육개방저지와 교육공공성실현을 위한 범국민교육연대가 대학통합네트워크와 대학자격고사를 중심 내용으로 하는 『공교육 새판짜기』를 출간하면서 대중적인 공론화가 시작되었습니다. 이것이 사회적, 정치적 의제로 부각된 것은 2007년 대선이 있던 해입니다. 2007년에는 입시폐지·대학평준화운동본부가 출범하면서 전국 순회토론회와 자전거 행진이 진행되었습니다. 2012년에는 대한민국교육혁명 조직위원회가 구성되었고, 『대한민국 교육혁명』이 출간되고 전국 순회토론회와 도보대장정을 수행했습니다. 2017년 대선 국면에도 새로운교육체제수립을 위한 사회적교육위원회가 출범했고, 이 내용 중 일부가 문재인 대통령의 대선공약으로 일정 부분 반영되었습니다. 2021년에는 대학무상화·대학평준화국민운동본부가 구성되면서 『대한민국 대학혁명』이라는 책이 나왔습니다. 『서울대 10개 만들기』라는 제목의 책도 출간되었고, 최근에는 지역기반 혁신대학, 대학도시 건설을 통한 대학서열체제 해소, 지역균형발전 방안이 제기되고 있습니다. 이렇게 대학서열체제 해소 논의는 그 양상이 다양해지면서, 교육계 안에서도 일정하게 공통점이 확인되는 것 같습니다. 교수님은 기존의 논의와 안들에 대해서 어떻게 생각하시나요?

심성보 대학서열체제의 완화를 둘러싼 다양한 방안들이 제안되고 있는 것은 교육을 통한 사회의 대전환을 위해 매우 고무적인 현상이라고 봅니다. 소모적인 입시경쟁을 해소하기 위해 대학을 평준화하고자 하는 '대학통합네트워크방안'은 시대를 앞선 의제이기는 했으나, 국민 일반과 이를 추동하고자 하는 주체들의 수가 적어 대중적 지지를 얻지 못했습니다. 이런 한계를 극복하고자 최근 대학무상화·대학평준화국민운동본부는 대학서열 해소라는 목표 달성의 경로 설정에서 치밀함을 보여 주고 있습니다. 최근에는 『서울대 10개 만들기』를 통해 새로운 방안이 나왔습니다. 여기서는 서울대와 같은 학교를 전국적으로 10개 만들어 서울대 병목현상을 완화하자는 최소주의 전략을 구상하고 있는데, 대학 내의 주체 형성 없이 재정적 투자만 한다고 하여 대학의 창조적 역량이 창출될 수 있느냐는 의문을 제기받았습니다. 이 점에서 최근 제안되고 있는 지역균형발전과 연동된 '대학도시' 건설 방안은 시민참여적 대학도시를 건설하고자 하여 새로운 관점을 더해 논의를 확장시키고 있습니다. 이는 매우 바람직한 논의의 진전이 아닐 수 없습니다. 어느 한 방안이 절대적인 답은 아니므로, 세 가지 방안을 둘러싸고 서로 갑론을박하며 새로운 대안을 찾아가는 집단지성이 필요한 듯합니다.

김태정 국민들의 절박한 목소리를 정치권이 외면한다면 대학서열체제 해소는 또 '물 건너가는 것이 아니냐'라는 비관적인 목소리가 들립니다. 심지어 교육 대전환을 말하면서 실제로는 교육 대재앙에 가까운 시대착오적인 주장들만 난무하고 있으며, 사교육업체를 배 불리는 공약들과 다름없다는 비판의 목소리도 나오고 있습니다. 대학서열체제를 해소한 경험이 있는 국가들의 경우는 1968년 혁명과 같은 아래로부터의 대중운동이 강력하게 펼쳐지거나, 국가권력이 강력한 의지를 가지고 제도개혁을 도입하였습니다. 그리고 이 둘은 서로 맞물려 있었습니다. 이런 측면에서 선거와 같은 정치적 계기만큼 중요한 것은 아래로부터의 운동입니다. 개혁적인 시도에는 반드시 기득권 세력의 저항이 있기에, 깨어 있는 시민들의 조직된 힘, 지속적인 실천이 없으면 개혁이 실패할 수도 있을 것입니다. 정치권의 각성을 위해 그리고 제대로 된 대학서열체제 해소, 교육을 통한 사회 변화가 이루어지려면 앞으로 어떤 실천을 해야 하는지 말씀 부탁드립니다.

심성보 대학서열체제 해소를 위한 정치 지도자들의 노력이 매우 중요합니다. 겉으로는 대학서열체제를 해소하지 않으면 국가경쟁력도 하락한다는 문제의식을 표방하면서도, 속으로는 대학서열의 정상에 오르고자 하는 욕망을 제어하지 못하고 있으니, 제도개혁과 함께 의식개혁, 문화혁명이 필요합니다.

정치, 경제, 문화, 교육 등이 함께 맞물려 돌아가야 대학서열체제는 해소될 것이므로 좀 더 장기적 전망으로 이 운동을 벌여 나가야겠습니다. 교육혁명은 교육 영역 이외에도 생태적 환경, 고용·노동, 여가, 복지, 보건, 공간, 문화, 성평등, 먹거리, 자원봉사, 인권, 시민참여, 안전, 보육, 환경, 국토건설, 과학기술, 지방자치 등 다양한 영역을 가로질러 비전을 만들어 가는 일이기도 합니다. 주택, 건강과 교통정책, 고용과 노동시장, 소득 지원과 복지 혜택 등은 어린이와 젊은이의 일상적 삶과 그들의 삶의 기회 모두에 심대한 영향을 미칩니다.

한국의 강고한 대학서열체제는 고착적 제도(관료 카르텔 혹은 배후의 총자본), 상징과 상식(학부모), 시장(사교육)과 대결하는 문제로 '전면전'을 통해 일시에 해소 가능한 것이 아닙니다. 일종의 '복잡계' 속에 놓여 있기 때문에 이는 어렵고 긴 일상전(日常戰)의 대상일 수 있습니다. 인간은 스스로 해결할 수 있는 과제를 제기한다는 관점에서 볼 때, 기대가 있는 한 불가능은 없습니다. 하지만 역사가 보여 주듯이 변혁의 성과는 일시에 나타나기 어려우며, 변화를 이끌어 내기 위한 타당한 철학과 현명한 전략에 기반을 두어야 합니다.

대학의 극단적 서열화를 반드시 완화해야 합니다. 현재의 대학서열 구조는 입시 중심 교육의 뿌리이고, 이것을 해소하지 않는 한 그 어떤 교육정책도 의미가 없다는 것을 우리는 오랫동안 경험해 왔습니다. 전국의 청년 누구나 입학하고 싶은 세계 수준의 대학(세계대학랭킹 200위 이내)을 적어도 10개는 육성하거나 만들 수 있습니다. 이는 완벽한 정주 여건을 갖춘 대학, 미래 산업 및 지역 환경과 연계된 대학, 특성화를 기반으로 한 대학, 완벽히 공공성을 갖춘 미래형 대학이 될 것입니다. 일정한 수준의 자격을 갖춘 지역 고등학교 졸업생은 누구나 세계적 수준의 지역 대학에 입학할 수 있도록 해야 합니다. 더 이상 획일적인 대학입시 경쟁을 하지 않고, 어디에서나 자신의 적성과 희망을 따라 학습하는 사람이 존중받는 나라를 만들어야 합니다. 이런 교육을 통해 양성된 '협력하는 인재', '창의적 인재'야말로 우리나라를 경제 선진국을 넘어 문화 선진국으로 이끌 주인공이 될 것입니다. 대학이 사회의 생산력 발전과 민주적이고 공동체적 생산관계의 형성에 필요한 지식, 정보, 그리고 전략을 설계하는 것이 시급합니다.

대학서열체제 해소에서 왜 지방대학을 살려야 하는지에 대한 명분과 공감대를 튼튼해야 합니다. 대학이 있는 그 지역에 관심이 없었던 지방대학(교수들)의 반성과 자기혁신이 필요합니다. 총장 중심으로 대학체제 개편이 이루어져서는 안 됩니다. '왜 세금을 투자해서 지역대학을 살려야 하는가'라는 질문에 설득력 있는 대답을 내놓아야 합니다. 소멸 위기에서 지역의 지속가능한 발전을 위한 동력을 생산하고 제공하겠다는 약속과 결의가 필요합니다. 지역의 다양한 이해 당사자가 참여하는 사회 대전환과 맞물린 교육 대전환을 위한 다양한 시나리오가 만들어져야 합니다. 지역대학, 지자체, 교육청, 기업, 연구소, 시민사회가 참여하는 민·관·학 공동 추진단이 구성되어 위와 아래가 결합된 연대 전략과 전술이 요구됩니다. 교수, 연구자, 지역 리더, 시민들이 참여하여 전환적 로드맵과 시나리오를 개발해야 합니다. 지역거점대학을 중심으로 기득권이 작동하지 않고 지역의 사립대학과 작은 대학이 배제되지 않도록 해야 합니다.

김태정 그런데 우리나라 학부모들의 교육열은 여전히 자식의 계층상승이라는 욕구에 매달려 미래지향적이지 못합니다. 저도 한때는 학부모단체 임원으로 활동하였고, 이를 계기로 교육운동에 더 깊숙하게 참여하게 되었습니다. 그런데 그때를 돌아보면 학부모들의 생각을 바꾸는 게 쉽지 않았습니다. 이를 두고 저는 종종 '불안이 불만을 잠식한다'

는 표현을 씁니다. 대학서열체제가 잘못되었다는 것을 알고, 학벌에 따른 차별이 옳지 않다는 것은 알지만, 당장 내 자식만큼은 서열체제 상위권 대학에 진학했으면 하는 욕망과 그렇게 되지 못했을 때의 불안감이 잘못된 현실에 대한 불만을 누르는 것이지요. 이에 대한 교수님의 견해는 어떠신가요?

심성보 한국인의 교육열이 전 세계의 이목을 집중시키고 있지요. 비약적 팽창과 규모의 성장을 이어 온 한국의 교육은 '변화'라는 단어 하나로 담아내기 어려울 만큼 대단한 성취임이 분명합니다. 하지만 그 이면에는 이를 추동해 온 사회적 집단, 교육적 동력으로서의 '학부모', 더 정확하게 이야기하면 '힘 있는 중상층 학부모', '교육열'의 대명사인 그들에 의해 교육이 이리저리 흔들리는 모습이 있습니다. 이러한 교육열은 '좋은 교육'에 대한 다른 의견이 소통되기 어려운 구조를 고착시켜 왔습니다. 가정의 사회경제적 배경이 학교선택과 교육성취도에 영향을 미쳐 결국 사회에서 인정하는 명문대 입학, 많은 이들이 선호하는 사회적 지위 획득에 연계되는 길은 이들 '영향력 있는 학부모'의 손에 달려 있습니다. 학부모 집단의 욕망은 한국 교육의 주요 세력으로 똑똑한 교육기술 관료 및 기업화된 사교육 시장과 공고한 연합전선을 펼치고 있습니다. 바로 이 연합전선으로서의 느슨한, 그러나 공고한, 각자 독립적으로 보이지만 협력해서 이루어지는 이 동맹이 한국 교육의 변화를 향한 진전에 발목을 잡고 있습니다. 특히 영향력을 가진 중산층 학부모들의 의식은 사회 발전의 장애물로 작동하고 있습니다.

그렇지만 대한민국에는 그러한 학부모들만 있는 것도 아니고, 존재 방식이 사람들의 사고방식을 규정한다는 점에서 변화는 가능할 것입니다. 특히, 입시제도 및 대학서열체제를 통제할 권력은 국가가 갖고 있고, 그 국가권력은 국민이 위임한다는 점에서 지금의 대학서열체제를 극복할 수 있는 대안적 제도는 충분히 도입될 수 있습니다. 또한 정부의 정책적 노력과 함께, 교육정책이 중산층의 이해에 갇히지 않기 위해서 더 많은 학부모, 시민 주체들의 노력이 동시에 필요할 것입니다. 무엇보다 학부모들이 올바른 교육관과 건강한 시민의식을 지닐 수 있도록 하는 의식개혁 운동이 같이 전개되어야 우리 사회가 진정한 교육 선진국으로 진입할 수 있으리라 생각합니다.

시민의 손으로 만드는 한국 교육 대전환 3차 순회토론회(2021년 10월 15일) 인사말

대학서열체제, 입시경쟁교육 해소를 위해 함께 힘을 모읍시다!

심성보

한국 교육의 가장 큰 고질병 중 하나인 대학서열체제는 초·중등교육의 본질과 내용을 종속 또는 굴절시키고, 계급 재생산을 위한 거대한 기제로 작용하고 있습니다. 이런 견고한 대학서열체제는 서열 상위권 대학 입학을 위한 입시경쟁교육을 조장하고 있습니다. 대학이 철저하게 서열화되어 있다 보니, 우리나라 학생들은 서열이 높은 대학에 들어가기 위한 경쟁 때문에 어린 나이부터 과도한 학습에 시달리고 있습니다. '단 한 번의 시험'으로 인생 전체가 결정되는 병목사회(bottleneck society)[6]의 늪에 빠져 있습니다. 수능시험 한 번으로 인생 전체를 결정짓는 시스템이 되고 말았습니다.

우리 사회는 지금 SKY 중심, 서울 중심의 대학병목체제, 즉 학벌체제의 공고화가 초·중등 학교현장의 인간화와 민주화, 공동체화와 생태화 등 아래로부터 올라오는 상향식 운동을 짓누르고 있는 현실입니다. 중등교육을 대학에 종속시키고, 대학교육을 노동시장에 종속시키고, 학교를 사회의 이익집단들에 종속시키는 학벌주의가 입시 위주의 공교육에 균열을 내고자 하는 '대안학교'와 '혁신학교' 교육활동의 발목을 잡고 있습니다. 이런 관점에서 학교교육이 학문교육(인문계)과 직업교육(실업계)으로 지나치게 분리되어서는 안 됩니다. 특성화고와 전문대가 대학 준비를 위한 엘리트 중심 교육체제에서 밀려난 낙오자들의 훈련기관으로 전락해서도 안 됩니다.

대학은 단지 교육 불평등 차원을 훨씬 뛰어넘어서 한국 사회의 모든 경제, 사회, 문화적 자원을 빨아들이고 자원 배분의 흐름을 왜곡시키는 블랙홀로 작용하고 있습니다. 대학의 서울 중심, 학벌 중심, 시험 중심의 병목은 청년들의 미래에 대한 희망을 떨어트리는 요인으로 작용하고 있습니다. 이는 정치적으로 매우 불안정한 요인으로 작용합니다. 그 요인은 첫

6) '병목사회' 현상은 조지프 피시킨의 『병목사회』(2016)에서 단 한 번의 거대한 시험으로 모든 것이 결정되는 판돈이 높은 시험, 즉 고부담 시험 체제를 말한다. 대학병목체제는 대학병목, 공간병목, 시험병목, 계급병목, 직업병목으로 나눌 수 있다. 특히 정규직, 고임금을 받기 위한 노동시장과 학위와의 관계 '대학병목'은 엘리트 대학들의 지위권력의 독점으로 인해서 생긴다. 현대 사회에서 대학의 학위는 사회 구성원에게 지위재(positional good)를 제공하며 특히 엘리트 대학은 학생에게 상대적으로 높은 사회적 지위를 부여하기 때문에 이들은 지위권력을 독점한다고 볼 수 있다. 가족들과 학생들은 엘리트 대학에 진학하기 위해 지위경쟁에 뛰어들게 된다. '공간병목'은 엘리트 대학이 특정한 도시 또는 지역에 몰려 있는지 또는 엘리트 대학을 들어가기 위한 고등학교나 사교육이 특정 도시 또는 지역에 몰려 있는지에 관한 것이다. 한국은 엘리트 대학들 80%가 서울에 집중되어 있다. 가령 학군이 좋은 동네일수록 부동산 가격이 비싸다. 한국은 탁월한 인적 자본과 대학의 소재지가 서울이라는 점에서 다른 국가들보다 공간병목이 극심하다. 공간병목은 또한 대학 졸업 후 임금이 높은 직장의 공간적 위치와도 결부된다. 이런 직장들이 특정 지역에 집중되어 있다면 공간병목이 심각한 것이다. '시험병목'은 시험제도 자체가 대학 진학이라는 기회로 가는 데 어느 정도의 병목으로 작용하는지에 관한 것이다. 한국의 상대평가 내신은 극심한 시험병목을 유발한다. '계급병목'은 부모의 사회경제적 지위(또는 계급)가 자녀의 대학입시와 대학 진학에 얼마나 불평등하게 나타나느냐의 문제이다. 한국의 사교육비는 한 해 20조 원에 달해 세계 1위다. 대학등록금의 경우 미국, 영국, 일본, 한국은 높은 액수를 가족과 학생이 부담하고 프랑스와 독일은 무료이다. 계급병목은 사교육비와 대학등록금의 지출로 알 수 있는데 한국은 최악의 국가 중 하나이다. '직업병목'은 정규직 고임금을 받는 노동시장과 학위의 관계를 밝히는 것이다. 한국에서는 대기업 정규직의 임금이 중소기업 비정규직보다 월등히 높으며 이러한 직장은 주로 서울에 위치해 있고 서울의 엘리트 대학 학위를 요구한다. 여기서 중요한 것은 고졸자나 전문대학 학위자도 중산층의 생활을 영위할 수 있는 노동시장의 질과 구조이다. 한국의 교육병목체제는 교육지옥을 낳는다.

째, 대학서열체제가 중등교육을 황폐화하는 주범이기 때문입니다. 둘째, 대학서열체제가 대학교육과 학문 경쟁력을 약화시키는 주범이기 때문입니다. 셋째, 대학서열체제가 학벌주의를 재생산하는 결정적 기제이기 때문입니다. 넷째, 대학서열체제가 사교육비를 확대해 서민들의 생계를 압박하는 주범이기 때문입니다. 다섯째, 대학서열체제가 지역 불균형을 재생산하는 중요한 기제이기 때문입니다.

이렇게 대학은 한국의 불평등을 재생산하는 가장 중요한 사회 기제일 뿐만 아니라 사회적 관계를 왜곡시키는 요인으로 작용하고 있습니다. 대학은 국가사회뿐만 아니라 가정에서도 사교육비 과다 지출로 인한 가정경제, 가족문화, 정서의 흐름을 교란하는 요인으로 작용합니다. 이런 장애물들을 제거하기 위해서는 단지 교육 분야의 지엽적, 단발적, 아이템 개선으로 대응할 것이 아니라, 사회 운영 시스템의 핵심인 가치 및 자원 배분의 원리를 혁신함으로써 전 사회적으로 파급효과를 극대화하는 전략과 결단이 필요합니다. 지나치게 양극화된 노동시장과 경직된 대학서열체제, 명문대 중심의 학벌주의 사회체제를 해체하는 길밖에 없습니다. 자본과 권력을 중심으로 세워진 피라미드 구조로 짜인 사회의 물질적·문화적 부정의를 줄여야 합니다. 이를 위해 특권학교 폐지, 수능의 대학입학자격고사화, 대학등록금 무상화, 직업에 따른 임금격차 해소 조치를 취해야 합니다.

학벌체제 해소를 통한 교육 및 사회적 양극화 해소, 대학 상향 평준화를 통한 대학 체질 혁신, 지역 혁신을 통한 국가균형발전, 학령인구 감소에 대비한 지역 소재 대학의 기초 체력 강화, 대학입시 경쟁을 대학 내 학문 경쟁으로 고등교육의 체질 전환 등의 효과가 기대됩니다.

더구나 전환 시대에 대비하기 위해서 대학은 성장 이데올로기와 승자독식주의에 찌든 엘리트가 아닌 협업 능력과 생태적 사고를 갖춘 인재를 키워야 합니다. 대학 혁신은 보수 기득권 집단, 보수 언론, 엘리트 집단뿐만 아니라 교육열과 학력·학벌 이데올로기에 찌든 대부분의 시민들의 저항을 불러올 것입니다. 해방 후 한국 교육의 양적 성공에 각인된 시민들은 자신을 파국에 빠트릴 수도 있는 질곡을 쉽게 인정하려 들지 않을 것입니다.

이에 대응하기 위해서는 첫째, 대학이 한국 사회를 어떻게 지체의 늪에 빠트리고 있는가를 이해시켜야 합니다. 특히 수도권 대학은 지방 인구를 흡수함으로써 지방 인구 및 지방 소재 대학 공동화, 사회적 낙인을 부추기는 주범임을 이해시켜야 합니다. 둘째, 현재의 대학이 안고 있는 국가자원, 사회적 병목을 해소하지 않고는 뉴-노멀 시대에 뒤처질 수밖에 없다는 절박한 현실을 이해시켜야 합니다. 셋째, 인공지능(AI) 사회에 적극 대비하기 위해서는 대학교육의 재설계가 필요하다는 점입니다. 넷째, 청소년 자살률 1위라고 하는 사회적 피로 현상의 핵심을 쥐고 있는 대학을 혁신해야 GDP에 걸맞은 삶을 누릴 수 있습니다. 다섯째, 대학 혁신이야말로 양극화 해소의 첩경입니다. 양극화 해소를 말하면서 대학 혁신은 회피하는 이중성을 극복해야 합니다.

그렇게 하여 지방대 출신이 취업과 연봉에서 크게 차별받지 않는 세상을 만들어야 합니다. 이를 위해 대기업과 중소기업, 정규직과 비정규직 임금 격차를 줄여야 합니다. 실업계 고등학교 및 전문대학을 적극적으로 지원해야 합니다. 그래야 과도한 소모적 대입 경쟁체제가 완화될 수 있습니다. 과도한 대입 경쟁은 수월성 교육의 진신화에 도움이 되지 않습니다.

학부모들의 노후 대비도 대입 경쟁을 줄여야 가능합니다. 저출산 극복을 위해서도 대입 경쟁을 줄여야 합니다. 교육은 시민의 기본권이고, 학교는 소유·이용·관리하는 공동재(commons)여야 합니다. 미래의 불확실성에 대응하고 사회의 지속가능성을 높이는 데 필요한 공동체의 변혁적 역량을 향상시켜야 합니다.

선진국의 경우 2034년경 사실상 모두가 진학할 것으로 예상하면서 고등교육이 보편화 단계에 접어들기 시작했다고 보고 있습니다. 이는 대학의 위상과 역할, 운영 방식의 전반적 재고가 필요함을 의미합니다. '대학 순위 매기기'는 매우 비교육적이고 시대 흐름에 맞지 않는 경향입니다. 그래서 대전환 시대를 맞이해 대학은 교육과 사회변혁, 지식 공동재의 진화

[그림 2] 대학연합체제와 사회 대전환의 선순환

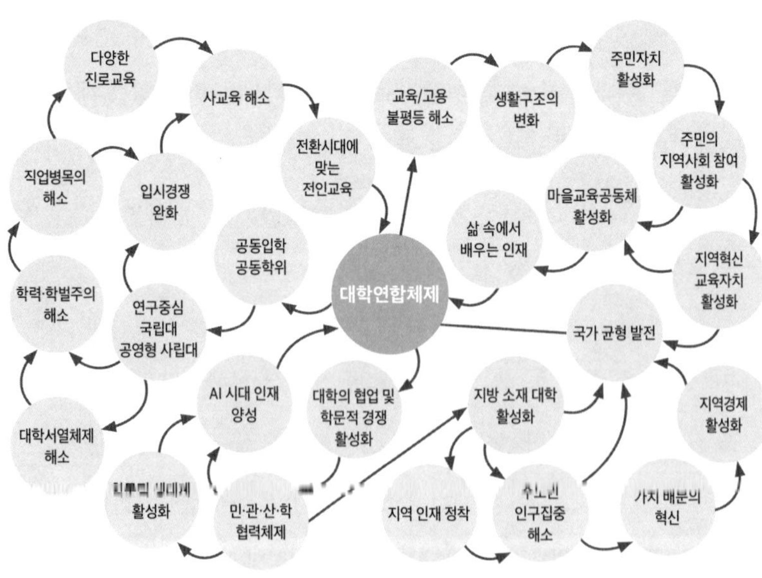

를 위한 사명을 재정립하고 그를 위한 연구, 혁신에 헌신할 것을 요청하고 있습니다. 그리고 지속적인 교사교육과 결합할 것과 사회적 네트워크의 중심이 될 것을 요청하고 있습니다.

우리 모두 아동·청소년을 입시경쟁 지옥에서 해방시킵시다. 학부모들을 사교육비 부담에서 벗어나게 합시다. 청년들이 학벌사회에서 차별받지 않는 공정한 대한민국을 만들어 냅시다. 교육이 누군가에게는 부를 세습하는 도구가 되고, 누군가에게는 가난을 대물림하는 사슬구조를 끊어 내야 합니다. 난마처럼 얽힌 매듭을 풀어야 합니다. 가혹한 입시경쟁이 없는 새로운 길을 만들어 내야 합니다. 그것만이 대한민국이 살길입니다. 이 길을 만들어 내는 것이 새로운 사회의 출현을 앞당기는 시대정신입니다. 비록 작은 물길이지만 우리 모두 힘을 합치면, 강물은 바다에 이를 것입니다. 우리 모두 함께 힘을 모읍시다.

4장

영유아 교육과 보육의 공공성 실현, 어떻게 가능한가?

2021년 10월 23일

서울에서 시민의 손으로 만드는 한국 교육 대전환 온라인 4차 순회토론회가 진행되었습니다. 4차 토론회 주제는 '영유아 교육과 보육의 공공성 실현 방안'이었습니다. 발제는 한국교원대 유아교육학과 오채선 교수님이, 지정토론은 제주도 통합어린이집 전인수 대표님이 하셨습니다.

• • •

이날 토론회에서 오채선 교수님이 발표하신 내용을 요약하면 다음과 같습니다.

먼저, 영유아 교육과 보육이 처한 현실에 대해 이야기해 주셨습니다. 한국은 유치원과 어린이집으로 이원화되어 있는 구조입니다. 관련 중앙부처도 다릅니다. 0세에서 5세까지는 어린이집을 다니고, 3세에서 5세까지는 유치원을 다닙니다. 그런데 3세에서 5세는 모두 누리과정이라는 교육과정을 적용받습니다. 교육과정은 같은데, 기관이 다른 것입니다. 유치원은 다시 국공립유치원과 사립유치원으로 나뉩니다. 국공립유치원은 국가가 교사 급여를 전액 책임지지만 사립유치원은 그렇지 않습니다. 게다가 공립유치원은 사립유치원에 비해 숫자가 매우 적습니다. 어린이집도 설립 유형은 국공립어린이집과 사립어린이집으로 나뉘지만, 교사들의 처우는 국공립유치원에 비할 바가 못 됩니다. 급식에도 차이가 있습니다. 국공립유치원은 무상급식이지만 나머지는 그렇지 못하며, 누리과정 지원비에서 급식비를 사용한다고 합니다. 즉, 누구나 균등하게 교육과 보육을 받아야 하는데, 유치원과 어린이집으로 분리되어 있고, 국공립과 사립으로 분리되어 격차가 있다 보니 공정한 교육과 보육이 이루어지지 않는다는 것입니다.

다음으로, 영유아 교육과 보육의 공공성을 실현하기 위한 방안으로 오채선 교수님은 다섯 가지 정책을 제안하였습니다.

첫째, 공정하고, 평등하며, 격차 없는 영유아 보육 및 교육을 위한 '완전한 무상보육과 무상교육' 실현입니다. 구체적으로는 3~5세 어린이집과 유치원의 누리과정 이용 시간(4~5시간)을 동일하게 적용하며, 공정한 교육 내용과 과정이 이루어질 수 있도록 시간당 교육비, 유아 1인당 교육비 격차를 해소하고, 유치원과 어린이집 무상급식 제공으로 안전하고 건강한 먹거리를 제공하여 영유아의 건강한 삶을 보장하는 것입니다.

둘째, 유치원과 어린이집 부모 부담 비용을 완전 무상으로 전환하여 부모 양육비를 경감하는 것입니다. 유치원의 방과후과정, 특성화교육, 현장학습비를 완전 무상 제공하고, 사립유치원의 교사 인건비는 교사에게 직접 지급하여 사립유치원 교사의 처우를 개선하고, 어린이집의 부모 비용 부담(필요경비, 특별활동비, 현장학습비 등)의 완전 무상화를 이루는 것입니다.

셋째, 유치원 특성화교육과 어린이집 특별활동을 완전 무상교육으로 전환할 경우에 문화예술체육교육으로 유치원 방과후과정과 어린이집 오후 시간 교육·보육의 질 개선 및 지역·계층별 문화예술교육의 질 격차를 해소하는 것입니다.

넷째, 유치원과 어린이집 영유아의 심리적, 신체적 안전을 제공하는 '안전망' 기초선 제공으로 부모의 불안감을 해소하는 것입니다. 지자체 차원의 영유아 전문 심리상담센터 운영을 통한 유아 교육 및 보육 기관 영유아의 건강한 삶을 지원하고, 부모 교육 및 지원을 강화하고, 유치원과 어린이집별 간호사 1인 배치 제도 확대 등을 제안하였습니다.

다섯째, 유치원과 어린이집 격차 해소를 통한 단계적 통합입니다. 유치원과 어린이집 완전 무상교육과 보육으로 격차 해소 후 행정기관 일원화, 교사 자격 통합의 단계적 실현을 제안하였습니다.

이어 토론자로 나온 전인수 대표님은 '아이들이 주인공인 영유아 교육과 돌봄을 위해'라는 제목으로 다음과 같은 이야기를 해 주셨습니다.

우선, 관련 법안을 통해 주요 개념을 소개해 주셨습니다. 「영유아보육법」에 따르면 "영유아"란 6세 미만의 취학 전 아동을 말하며, "보육"이란 영유아를 건강하고 안전하게 보호·양육하고 영유아의 발달 특성에 맞는 교육을 제공하는 어린이집 및 가정양육 지원에 관한 사회복지서비스를 뜻하고, "어린이집"이란 보호자의 위탁을 받아 영유아를 보육하는 기관으로 규정됩니다. 「교육기본법」 제9조에 따르면 학교교육은 유아교육·초등교육·중등교육 및 고등교육으로, 유아교육은 학교교육의 범주에 들어간다고 합니다. 그런데 「유아교육법」에서는 "유아"란 만 3세부터 초등학교 취학 전까지의 어린이를 말하고, "유치원"이란 유아의 교육을 위하여 이 법에 따라 설립·운영되는 학교를, "방과후과정"이란 제13조 제1항에 따른 교육과정 이후에 이루어지는 그 밖의 교육활동과 돌봄활동으로 규정되어 있다고 합니다. 여기에서처럼 한국의 영유아 교육과 돌봄을 위해서는 관련 법에서부터 일정한 정리가 필요해 보입니다.

다음으로, 영유아 교육과 돌봄의 기초 현황에 대해 공유해 주셨습니다.

2020년 12월 31일을 기준으로 한 보건복지부 통계에 의하면, 전체 어린이집은 35,352개소인데, 국공립 어린이집은 4,958개에 불과합니다. 가장 많은 것은 가정 어린이집이 15,529개소, 다음으로 민간 어린이집이 11,510개소입니다. 이어서 사회복지법인 어린이집 1,316개소, 직장 어린이집 1,216개소, 법인단체 어린이집 등 671개소, 그리고 협동 어린이집이 152개로 집계되었다고 합니다. 2020년 기준으로 인원을 보면, 전체 1,244,396명이 어린이집을 다니고 있는데 민간 어린이집이 578,196명, 국공립 어린이집이 253,251명, 가정 어린이집이 230,444명, 사회복지법인 어린이집이 78,322명 직장 어린이집이 66,401명, 법인단체 어린이집이 34,066명, 협동 어린이집이 3,716명 순이라고 합니다. 여기서 알 수 있듯이 민간의 비율이 매우 높습니다.

마지막으로 다음과 같은 중요한 정책 제안을 해 주셨습니다.

① 이젠 사회의 필요에 따라 영유아를 바라보아선 안 된다. 영유아의 필요에 따라 사회가 변하고 제도와 정책이 변해야 한다.

② 아이는 부모가 낳고, 부모가 양육할 수 있도록 국가와 지역사회가 협력하는 양육공동체가 되어야 한다.

③ 영유아가 어느 지역에서 태어나 자라고 있는가에 따라, 어느 기관에서 교육받고 있는가에 따라, 부모의 경제적 여건에 따라 차별받지 않고 교육받을 권리가 보장되어야 한다.

이를 위한 방안의 하나로 사회서비스원 설립을 예로 들어 주셨습니다. 사회서비스원은 사회서비스의 공공성 및 투명성 강화를 통한 품질 향상을 위해서, 또 서비스 종사자들의 일자리 질을 높이기 위한 것으로, 현재 사회서비스원 근거 법률이 국회 계류 중이라고 합니다. 사회서비스원은 광역자치단체에서 설립·운영하는 공익법인으로, 국공립 사회서비스 제공 기관을 기초지자체로부터 위탁받아 운영하는 등 사회서비스를 직접 제공하는 역할을 수행할 수 있는데, 이를 통해 양질의 영유아 돌봄의 가능성을 언급하였습니다.

김태정 영유아 교육과 보육의 중요성에 대해서 다들 말은 하면서도 정작 자신들의 자녀가 그 시기를 지나면 잊는 경우가 많습니다. 사회 전체적으로 보면 영유아 교육과 보육을 학교 이전의 시기로만 사고하고 덜 중요한 영역, 하지만 비용은 많이 들어가는 영역으로 본다거나, 영유아의 교육과 보육은 공적인 영역이 아닌 개인적인 영역, 부모들이 알아서 하는 것으로 치부하는 경우도 있습니다. 영유아 교육과 보육에 관심을 보인다고 해도, 이를 출산정책의 일환으로 푸코식으로 말하면 '생체권력'이라는 관점에서 인구정책으로만 접근하는 경우가 상당수입니다. 즉, 인간의 성장과 발달이라는 측면이 간과된 측면이 있습니다. 그런데 영유아기 혹은 아동기는 인간 발달에서 매우 중요한 시기입니다. 때문에 수많은 교육학자들과 발달심리학자들이 이를 지적하고 사회적 책무성을 강조해 왔습니다. 교육학자로 평생을 살아오신 교수님은 이에 대해 어떻게 생각하시는지요?

심성보 삶의 단계로서 아동기는 사회적 구성물(social construction)이라고 할 수 있습니다. 아동기(childhood)란 원시성에서 문명화로 발전해 가는 성인에 이르는 삶의 과정에 있습니다. 아동기는 계속되는 일상생활의 투쟁과 맞물려 발달적, 문화적, 정치적 개념으로 발전되고 있습니다. 아동기의 출현은 개인의 능력에 따른 근대화의 물꼬를 튼 진보의 시작이기도 하지만, 아동기를 규제하고 통제하는 시작이기도 합니다. 아동기의 가능성과 한계를 동시에 보여 주는 이러한 이중성은 학교교육의 대중적 확산에 따른 근대의 양면적 성격, 즉 해방과 구속의 의미를 동시에 띠는 것과 맞물려 있습니다.

근대적 발명품인 아동기에 대한 접근을 보자면, 일반적으로 아동기는 신생아기와 10대 청소년기의 중간 단계까지를 말하지만, 새로운 아동기의 구성이 절실히 필요합니다. '아동기'란 '어린 시절'로서 일반적으로 출생에서 만 18세까지(신생아기, 영아기, 유아기, 학동기, 청소년기)를 말합니다. 아동기에서 청년기를 제외하기도 하지만 일반적으로 이를 포함하고 있지요. 아동기는 태어나면서부터 생물학적으로 결정된 것이라기보다는 사회적이고 문화적인 요인들에 의해 구성된 개념으로서 '특별한 성장 기간'을 뜻합니다. 아동기는 '축소된 어른'이 아니라, 아동 자신의 필요와 발달을 지닌, 삶의 독특한 단계라고 할 수 있습니다. 성장의 단계에는 몇 개의 마디가 있어서 그 앞뒤에 질적으로 서로 다른 발달단계와 고유한 구조가 있습니다.

고대의 아이들에 대한 광범위한 '친인성'으로부터 시작하여, 아이들은 '성인축소판'이라는 중세의 아동관을 거쳐, 근대 및 산업 사회의 등장과 함께 '아동의 발견'과 '아동기 개념'의 탄생에 이르게 되었습니다. 아동기의 독립성, 발달의 한 단계, 어린이다움, 순결성에 대한 근대적 개념의 탄생은 문명화의 서막을 열었습니다. 그런데 아동기의 근대적 개념은 여전히 학교교육이라는 아이들의 오랜 감금 과정을 확립시켰습니다. 이러한 장기간의 구속, 즉 학교교육의 발달은 아이들을 도덕적으로 보호하고 바르게 자라도록 해야 한다는 부모들의 새로운 인식의 결과로 나타난 것입니다.

가족과 학교는 모두 어른들의 사회로부터 아이들을 격리시켰습니다. 근대적 주체로서 어린이의 형성 과정은 아동 인권의 문을 여는 해방의 역할을 하였지만, 그것은 부분적 해방일 뿐 한계가 있었습니다. 이러한 아동기의 굴절과 왜곡으로 인해 아동기 자체를 아예 파기해야 한다는 여성해방론도 나타났습니다. 아동기의 설정은 가정에서나 학교에서나 지옥이나 다름없는 또 다른 근대적 족쇄를 채우는 기능을 하였다는 것입니다. 이를 두고 탈학교론이나 학교 해체를 주장하기도 합니다. '작은 어른'이었던 아이들은 근대의 태동과 함께 아동기라는 독자적인 범주로 묶이면서 미성년인 '아이들'의 세계와 성인인 '어른'의 세계가 분리되어 '절연'의 현상이 발생하였습니다. 그리고 청소년기의 등장으로 인한 아동기의 모호함, 이동기의 상품화, 아동기의 군사화 등의 현상이 발생하였습니다. 따라서 아동기와 성인기의 절연에 대한 방안으로 아동기의 주체화 시도가 필요합니다.

김태정 영유아 교육과 보육을 무상화하자는 제안, 혹은 유아교육과 보육을 통합하자는 제안은 오래전부터 있었지요. 하지만 아직까지 현실화되고 있지 못합니다. 이는 인간 발달에서 영유아 단계의 중요성에 대한 정치권의 인식 부재, 혹은 부처 간 이해관계의 충돌 등 여러 요인이 착종된 결과인 것 같습니다. 그럼에도 보편적 권리라는 측면, 우리 사회의 지속가능한 발전을 위협하는 출생률 저하 문제 등을 고려하면 영유아 교육과 보육의 무상화를 포함한 공공성 실현은 더 이상 늦출 수 있는 사안이 아닙니다. 이에 대한 교수님의 의견을 간단히 들려주십시오.

심성보 요람에서 시작하여 무덤까지 평생에 걸친 돌봄과 복지가 요구됩니다. 특히 출발선상에 있는 영유아의 돌봄과 교육은 매우 중요합니다. 태어나면서부터 출발선의 불평등을 경험하게 된다면 그 국가는 매우 불안한 사회가 될 것입니다. 따라서 국가가 책임지고 아이들의 돌봄과 교육이 체계적으로 이루어져야 합니다. 아이들의 돌봄과 교육이 여성들의 책임으로만 부과되어서는 안 됩니다. 여성들에게만 부과되는 아동양육 체제는 국가적 손실이자 여성 개개인의 잠재력 결손이기도 합니다. 이제 영유아 교육과 보육은 개인이 아니라 국가와 사회가 책임지는 사회로 전환되어야 합니다.

국가가 책임지는 영유아 보육과 교육이 절실합니다!

심성보

한국은 출생률이 급격히 하락하여, 이대로는 인구 소멸로 인해 국가 소멸의 위기 징후까지 보이고 있습니다. 저출생으로 유치원과 어린이집이 소멸 위기를 맞고 있습니다. 유치원이나 어린이집에서 운영되는 프로그램의 수와 질 또한 천차만별이기에 영유아들이 받는 교육의 기회나 질도 무척 차이가 납니다.

한국의 아이들은 위험 지대로 내몰리고 있습니다. 우리의 아이들은 학교가 정한 복장을 하고 규율을 지켜야 했고, 국가의 요구나 학교가 가르치는 것을 그대로 받아들여야 했습니다. 사회문제에 관심을 두지 말고 오직 '공부'에만 열중하라는 이야기를 반복적으로 듣고 자라면서 사회 구성원으로서 아이들의 존재가 무시당하고 있습니다. 어른은 물론 아이들 자신도 점차 이를 당연하게 받아들이고 있습니다. 오늘날 유치원과 취학 연령대 아이들을 가리키는 말로 정착되기 시작한 '아동기'는 취학률이 높아지면서 일정한 나이가 되면 학교에 다니는 것이 정상으로 받아들여지게 되었습니다. 그러나, 학교교육을 많이 받는 아이들도 지나친 공부의 압박으로 인해 정상적 아동기를 향유하지 못하고 있습니다. 우리나라는 오랫동안 권위주의 정치체제에서 '어린이' 나이를 점점 더 어린 나이로 끌어내리는 동시에 아동·청소년이라는 말을 확장하는 과정을 통해 '어린이', 즉 '어린 사람'이라는 말을 축소하거나 그 의미가 제거되어 갔습니다.

지금 우리나라는 국가가 책임지는 영유아 교육·돌봄 시스템이 매우 취약합니다. 교사 한 명이 너무나 많은 영유아들을 돌봐야 하는 열악한 상태에 있습니다. 더욱이 코로나 팬데믹으로 영유아 발달 지연 및 격차가 더욱 심화되고 있습니다. 아이들이 태어나면서부터 발달 결손 및 격차를 겪고 있는 것입니다. 아동기에 경험한 결손은 이후의 학업성취도와 건강 상태뿐만 아니라 생애 전체에 부정적 영향을 미칠 수 있습니다.

국제적 연구 동향에 따르면 영유아 돌봄과 교육의 문제는 '가정복지' 관점에서 '교육복지'의 관점으로 이동하고 있습니다. 유엔은 영아기를 평생학습의 첫 단계로 보고 있고, 유럽연합은 영유아의 통합적 관점으로 전환하고 있습니다. 단순한 돌봄을 넘어서 우리 아이들이 평등한 생애 초기 교육 기회를 가질 수 있도록 하는 교육의 질 향상을 권고하고 있습니다. OECD는 만 2세 유아에 대한 양질의 교육 경험을 제공할 필요성과 함께 영아교육 및 취학 전 단계 통합을 시도하고, 유치원도 학교에 포함시키는 방향으로 나아가고 있습니다.

사람으로 살아가는 데 필요한 모든 틀이 영유아기에 형성된다고 합니다. 모든 아이는 한 지붕 아래에서 자랄 때 가장 건강하고 착하게 자란다고 합니다. 그러기에 아이들이 어느 곳에 살든, 어느 기관에 다니든, 모든 영유아가 질적인 교육을 공정하게 보장받아야 합니다. 태어나는 집은 달라도 배움은 같아야 합니다. 영유아의 교육·돌봄도 마찬가지입니다. 영아를 포함한 유아의 삶은 돌봄과 교육이 분리되어서는 안 됩니다.

그러므로 유아의 보육 및 교육의 국가책임제를 강화하여 공공성을 높여야 합니다. 보육·교육의 평등성이 실현되는 새로운 미래의 보육·교육 체제를 마련해야 합니다. 그러나 우리의 어린이집과 유치원이 영유아를 위한 최적의 여건 마련에서 한계에 봉착해 있습니다.

이제 '포용적 영유아 기본교육체제'를 설계하고, '완전무상교육'을 실시할 때가 되었습니다. 취학연령에 속하는 영유아를 위한 공정하고 평등한 격차 없는 영유아 보육 및 교육을 위한 포용적 지원 체제를 지속적으로 구축해야 합니다. 무상보육과 무상교육으로 어린이집 사이, 유치원 사이, 어린이집과 유치원 사이의 격차를 해소해야 합니다. 영유아 1인당 교육비 및 보육비의 차별을 없애 '격차 없는 교육', '공정한 교육'을 제공해야 합니다. 왜냐하면 미래 사회에 대응하기 위한 유·보 체제의 개편 없이는 완전 무상교육이 불가능하기 때문입니다.

유치원과 어린이집을 단계적으로 통합하여 부모의 자녀 양육에 대한 불안감을 해소할 때가 되었습니다. 영유아에게 차별 없는 양질의 교육과 보육을 제공하여 생애 첫출발부터 영유아의 심리적·신체적 안녕과 행복을 보장해야 합니다. 우리 어른들은 아이들의 본성을 마음껏 드러낼 수 있는 세상, 오늘 하루를 즐겁게 지낼 수 있는 세상, 자기가 원하는 것을 가질 수 있는 세상, 자기의 정체성을 가지고 자기 내면에서 외치는 내재적 동기부여를 통해 스스로 몰입하는 만족감, 행복감, 기쁨을 가지고 살아가는 세상을 마련해 주어야 합니다. 아이들이 반목과 투쟁이 아닌 평화로운 세상에서 살아가도록 해야 합니다. 평화로운 세상을 만들어 아이들이 더 나은 세상에서 살아갈 수 있는 자연적·사회적 환경을 제공해야 합니다.

지금 바로 교육과 보육의 교사양성과정을 개편한 새로운 '유아학교'로의 통합 및 일원화 체제를 구축해야 합니다. 새로운 어린이로 길러 내려면 교사의 교육에 대한 새로운 사명감과 의무감을 재인식해야 합니다. 영유아 무상교육의 시기를 앞당겨 새로 태어난 모든 아이가 평등하게 출발선을 같이하는 '유아학교'를 다니도록 해야 합니다.

'유아학교'의 출현 의미는 단순히 기존의 학력화된 학교체제가 아니라, 교육의 다양성, 두뇌 발달 및 유아의 발달과 성장을 반영한 통합된 놀이와 생활을 중심으로 하는 '새로운 학교체제'라고 할 수 있습니다. 새로운 유아학교의 설립은 새로운 사회의 도래를 준비하는 교육적 실험입니다. 아이들이 다니는 유아학교는 '작은 사회'가 성장하는 맹아적 공간입니다. 이러한 교육적 공간은 일, 작업, 자기 삶과 연결해 주는 장소입니다. 아이들에게 활동은 일이고, 일은 활동이며, 움직임 등은 뇌 발달과 전인적 교육과 연동됩니다. 모든 생명체 사이의 관계를 이해하고, 생명체들을 사랑하여 그들의 생명을 지속가능하도록 보살피고 가꾸는 생태교육과 연결되어야 합니다.

이러한 차원에서 우리 아이들이 대한민국 어느 기관에 속하든, 어느 지역에 살든 동등한 양질의 보육과 교육의 기회를 보장하는 사회체제를 마련해야 합니다. 더 이상 유아 보육과 교육을 학부모 개인의 책무로 맡겨서는 안 됩니다. 아이들의 보육과 교육을 '시장'의 영역에 맡겨 둘 수는 없습니다. 이것은 복지국가의 의무입니다.

무엇보다, 유·보 통합을 추진할 때 새로운 전략을 세워야 합니다. 아이들의 삶을 두고 유아의 보육과 교육을 통합적으로 이해해야 합니다. 현재 선진국의 반열에 들어선 대한민국이 인구절벽의 나라, 출생률 2년 연속 세계 꼴찌라는 사실은 참으로 부끄러운 일입니다. 따라서 한국 사회 대전환을 위한 영유아 보육과 교육을 위한 대전환이 절실합니다. 아이들의 안녕과 행복은 한 나라의 기초입니다. 보육과 교육을 통해 세상의 질서를 바꾸어야 합니다. 새로운 인간에게는 새로운 세상이 필요합니다.

아이들의 삶의 문제가 정치적 이해관계에 따라 휘둘려서는 안 됩니다. 한 명 한 명 소중한 아이들이 정치적으로 이용되어서는 안 됩니다. 영유아의 보육과 교육 통합이 보건복지부와 교육부의 영역 싸움으로 전락해서는 안 됩니다. 아이들을 갈라놓는 유·보 분리 정책을 청산할 때가 되었습니다. 오늘의 논의가 아이들의 미래 삶을 위해 깊은 성찰적 논의를 하는 출발점이 되길 기원합니다.

오늘의 토론회에서 영유아 돌봄과 교육의 공공성 확보를 둘러싸고 활발한 대안적 논의가 이루어지기를 기대합니다.

5장

평생교육 활성화, 어떻게 가능한가?

2021년 11월 20일

충남 공주에서 시민의 손으로 만드는 한국 교육 대전환 온라인 5차 순회토론회가 진행되었습니다. 주제는 '평생교육 활성화'였습니다. 5차 순회토론회는 한국평생교육총연합회와 공동 주관하여 진행하였습니다. 발표는 순천향대학교 송병국 교수님, 수원제일평생학교 박영도 교장 선생님, 전북대학교 권인탁 교수님, 사단법인 평생교육사협회 전하영 협회장님이 해 주셨습니다. 이날 토론회에서 나온 정책 제안들을 압축적으로 요약 소개하겠습니다.

순천향대학교 송병국 교수님은 '생애전환교육 확대 방안'이라는 제목으로 발표해 주셨습니다.

먼저, 현재 한국 평생교육을 둘러싼 상황을 ① 커져 가는 불평등(예: 2016년 1인당 연평균 소득 상위 10% 1억 6,680원/하위 10% 193만 원, 65세 이상의 노인빈곤율이 OECD 최고 수준인 43.4%(2018년 기준)로 이는 OECD 평균 15.7%의 3배) ② 환경파괴와 기후변화 ③ 민주주의 퇴보 ④ 차별의식과 혐오 ⑤ 불확실한 미래, ⑥ 4차 산업혁명과 일자리 위협 ⑦ 불행한 아동청소년기 ⑧ 초저출산과 고령화(예: 2020년을 분기점(Dead Cross)으로 저출생 고령화 추세 가속화 2020년 합계 출산율 0.84%로 세계 최하위인 198위) 등으로 진단하였습니다.

다음으로, 평생학습의 현재 상황에 대해 ① 저조한 국가 예산(예: 정부 총예산 512.3조 원 중 교육 분야 예산 72.6조 원, 교육 분야 중 평생직업교육 분야 예산 8,906억 원(1.30%), 평생직업교육 예산 중 54.03%가 '산학연협력활성화사업' 예산, 순수 평생직업교육 체제 구축은 1,987억 원(0.27%)에 불과함) ② 평생학습 프로그램의 한계 ③ 평생학습 참여율과 격차 ④ 평생학습의 학교교육화 ⑤ 직업교육훈련 정책과의 괴리 ⑥ 반쪽짜리 평생교육 시스템(예: 소득, 기업 규모, 학력 등에 따른 평생학습 기회의 불평등) 등으로 진단하였습니다.

마지막으로, 평생학습에서 더 나은 삶을 위한 전환교육(transition

education for better life)으로 패러다임 변환을 제안하면서 전환교육을 "생애 주기별로 맞이하는 다양한 주요 생애 사건에 적절히 대응하면서, 민주시민으로서 정체성 확립과 주도적인 진로 개발, 그리고 자기 향상을 통해 행복한 삶을 영위하도록 돕는 교육 및 학습 활동"으로 제시하였습니다. 실천 과제로는 ① 전 국민 생애(진로) 전환교육 국가책임제 ② 학습+경력 모자이크(learning + career mosaic) 지원 정책 ③ 생애 사건 중심 평생학습 특화 정책 지원 등을 제시하였습니다.

수원제일평생학교 박영도 교장 선생님은 '저학력·비문해 성인의 학습권 보장을 위한 정책 제안'이라는 제목으로 다음 내용을 발표하셨습니다.

먼저, 문해에 대한 UNESCO, OECD, EU 등의 정의와, OECD 문해 핵심 내용을 소개해 주셨습니다.

다음으로, 문해교육 관련 한국의 법과 제도를 소개한 후, 관련 예산 등 현황을 진단하였습니다.

「교육기본법」 제4조에는 "모든 국민은 성별, 종교, 신념, 인종, 사회적 신분, 경제적 지위 또는 신체적 조건 등을 이유로 교육에서 차별을 받지 아니한다"라고 되어 있으며, "국가와 지방자치단체는 학습자가 평등하게 교육을 받을 수 있도록 지역 간의 교원 수급 등 교육 여건 격차를 최소화하는 시책을 마련하여 시행하여야 한다"라고 되어 있으나, 국가 문해교육 지원 예산은 2020년 교육부 예산 77조 2,466억 원에 대비할 때, 국비는 0.006%, 지자체 매칭을 포함하여 0.02%에 불과하다고 합니다. 문해교육의 대상은

[표 5-1] 문해에 대한 정의

UNESCO (유엔교육과학문화기구)	개인이 그가 속하고 있는 집단이나 지역사회에서 효과적인 능력을 발휘하여 모든 활동에 참여할 수 있도록 하는 데 필요한 필수적인 지식과 기술을 습득하는 것을 말하며 이를 위해 습득한 읽고, 쓰고, 숫자를 셈할 수 있는 능력을 자신과 지역사회의 발전을 위해 계속적으로 활용할 수 있어야 함. -UNESCO, Literacy in the World Since Teheran Conference, 1975.
OECD(경제협력개발기구)	지식기반 경제 사회에서 커뮤니케이션 기능, 문제해결 능력, 사람과 팀으로 일할 수 있는 능력, ICT 활용 능력. -OECD, Education Policy Analysis, 2001.
EU(유럽연합)	디지털 활용, 외국어, 사회적 기능(자신감, 진취적 기업가적 정신), 학습하는 방법, 변화에 대한 적응 능력, 정보 흐름 파악 능력, 경제적 이해 및 관리 능력 등. -European Commission, A Memorandum on Lifelong Learning, 2000.

[표 5-2] OECD 문해 핵심 내용

- 읽기(Reading Text)
- 서류 활용(Document Use)
- 쓰기(Writing)
- 산수(Numeracy/Math)
- 구두 커뮤니케이션(Oral Communication)
- 사고력(Thinking Skills)
- 팀워크(Working with Others)
- 컴퓨터, ICT 활용 능력, 디지털 기기 활용
- 계속학습(Continuous Learning)

전통적 비문해자인 60대 이후의 여성이나, 초등 미취학 및 중도 탈락자도 있지만, 최근에는 새로운 비문해자인 청소년, 중도 입국자, 재소자, 학습결손자, 학습장애자 등이 등장하고 있다고 합니다.

문해교육의 문제점과 과제로는 ① 문해교육기관들의 인프라 부족: 시설,

재정, 전문적 교원 ② 지역별 교육환경의 편차가 큼 ③ 교육 연계 체제 미비: 상위 단계(고등과정) 연장학습 필요 ④ 교수법 및 평가 방법 등 기초연구 부족: 전문성, 다양성 ⑤ 학력인정 교육과정의 가치 제한성: 평생학습 연계 구축 ⑥ 교육의 질 관리의 한계점: 학습자 간 학습 편차가 큼 등을 들었습니다.

마지막으로, 문해교육의 발전 방향으로 ① 문해교육 콘텐츠 및 영역 확대: 디지털 리터러시, 파이넌스 리터러시 등 ② 교수 질 향상: 문해교육 전담 인력 양성 및 배치, 처우 개선 ③ 미래형 문해교육 지원 체제 구축: 지원체계의 단일화 ④ 실증적 연구를 위한 문해교육 R&D 체제 구축 ⑤ 교수·학습 환경의 다양화: 원격, 가정방문형 교수·학습 활동 ⑥ 문해교육 재정 확대 ⑦ 성인을 위한 학력 인정 트랙화: 평생학습계좌제 연계 등을 제시하였습니다.

이에 근거한 문해교육 발전을 위한 정책으로는 ① 지원 재정 확보(교육부 예산 대비 0.05% 수준) ② 교육과정 및 교과의 다양성 인정 ③ 학습 자료의 개발 및 보급과 매체, 기술공학의 활용 ④ 학습자 중심의 교수 방법 지원: 디지털 기반 학습 인프라 지원 ⑤ 전문인력의 처우 개선 및 역량 강화 지원 ⑥ 공공재 교육시설 확충: 지역 공공시설 및 학교시설 공유 ⑦ 교육기관별 네트워크 구축 및 역할 정립 수행 ⑧ 공공 영역, NGO, 민간기관 간 거버넌스 구축 등 여덟 가지를 제안하였습니다.

전북대학교 권인탁 교수님은 '대학의 미래, 평생교육체제 전환을 위한 정책'이라는 주제로 다음과 같은 내용을 발표하셨습니다.

첫째, 사회환경의 변화와 대학평생교육체제의 전환이라는 주제로 한국을 장수 사회, 디지털 사회, 양극화 사회로 규정하고, 이는 대학에게는 위기이자 기회가 될 수 있다고 주장하였습니다. 위기로 대학서열체제와 학령인구 감소로 인한 지방사립대 및 국립대 입학정원 미달과 같은 지역 간 불균등을 언급하였으며, 기회로는 성인학습자의 고등교육 수요 증가, 생애근로시간 확대에 따른 교육 수요 증가, 직업교육 후 진학자를 위한 고등평생교육 수요 증가, 성인의 높은 대학평생교육 참여의 필요성 및 참여 의향, 대학평생교육 지원 체제의 확대 등을 들었습니다. 그런데 기회가 현실이 되려면 높은 진입장벽을 낮춰야 하고, 대학 시스템을 개방화, 전문화, 지역연계화하여 융통성을 확보해야 한다고 제안하고 있습니다.

둘째, 미국 등 해외 대학평생교육의 동향을 소개하였습니다. 유럽의 성인친화형 대학교육 운영체제로 평행적 성인교육 시스템(parallel adult education system)을 통한 교육과 일터의 연계를 소개하였고, 미국의 대학평생교육 사례의 경우 펜실베이니아대학교, 컬럼비아대학교, 보스턴대학교, 펜실베이니아 주립대학, 오클라호마대학교 등의 프로그램을 소개하였습니다. 펜실베이니아 주립대학의 경우 지역 주민이 원하면 언제든 대학 강좌의 학점을 취득하게 하여 현재까지 25세 이상 펜실베이니아 주민의 15%에 해당하는 120만 명이 학점을 취득했다고 합니다.

셋째, 대학의 평생교육체제 전환을 위한 정책으로 대학, 지역사회 및 산업체가 동반 성장하는 학습선순환체제 구축, 지역사회와 함께 형식 교육, 비형식 교육, 무형식 교육을 병행하는 대학의 평생학습 생태계 조성 지원 사업, 영리형 일자리 학습공동체, 사회통합형 학습공동체, 대학 주관 시니어 평생교육봉사단 운영, 지방 전문대학의 공영화, 대학교육 청강생 등 인생 제3기 대학(U3A) 운영 등을 제안하였습니다.

넷째, 대학평생교육의 지역사회 연계 사례로 전북대학교가 고창, 진안, 완주, 순창, 전주 등 기초지방자치단체와 협력한 사례를 소개하였습니다.

사단법인 평생교육사협회 전하영 협회장님은 '평생교육사 전문성 확보와 채용에 대한 정책 제안'이라는 제목으로 발표를 하셨습니다.

2020년 기준으로 평생교육사 자격을 취득한 사람이 143,808명이라고 합니다. 「평생교육법」 제26조(평생교육사의 배치 및 채용)에 따르면 "평생교육기관에는 제24조 제1항에 따른 평생교육사를 배치하여야 한다"라고 되어 있으나, 배치율은 71.5%로 부족하다고 합니다. 고용 형태로 정규직은 67.9%에 불과하다고 합니다.

정책 제안으로는 ① 한국평생교육사협회 법정 단체화 ② 평생교육 보수교육 의무 ③ 공공기관 평생교육 직렬 ④ 평생교육사 채용 현실화 ⑤ 평생교육사 실습 관리 등을 제안하였습니다.

김태정 그동안 평생교육의 중요성을 언급하는 사람들이 늘어났습니다. 평생학습도시도 꾸준히 늘어났고, 평생학습시설도 조금씩 늘어난 것이 사실입니다. 하지만 냉정히 보면 한국의 평생교육은 국가의 관련 재정 규모 면에서도 그렇고, 내용에서도 교육 선진국의 평생교육에 비해 많은 부분이 보완되어야 합니다. 제가 직업교육과 평생교육을 주제로 북유럽 탐방을 한 적이 있는데, 평생교육이 개인은 물론 국가와 사회의 지속가능한 발전에 매우 중요한 역할을 하고 있음을 확인할 수 있었습니다. 평생교육총연합회와 함께 주관한 토론회라서 그런지 한국의 평생교육이 처한 현실과 다양한 정책 제안에서 많은 것을 배울 수 있었습니다. 교수님은 평생교육에 대해 평소 어떤 생각을 하고 계셨는지 궁금합니다.

심성보 미래 사회에서는 형식적 학교를 넘어, 계획되고 자발적인 시간에 다양한 장소에서 학습을 제공하고 장려하는 것을 상상해 보았습니다. 삶의 모든 단계에서 사람들은 의미 있는 양질의 교육 기회를 가져야 합니다. 교육은 생활 전반과 평생에 걸친 것입니다. 평생에 걸친 성인 학습은 삶의 모든 단계에서 교육의 변화 가능성을 수용하기 위해, 숙련과 재숙련의 결핍 개념을 넘어 더욱 발달되고 지원되어야 합니다. 평생교육을 위한 모든 계획은 가장 소외된 사람들과 가장 취약한 환경에 봉사하는 데 초점을 맞춰야 하며, 학습자가 기회를 깨닫고 현재와 미래의 혼란을 대면하는 데 필요한 지식, 개념, 태도 및 기능을 갖추도록 도와야 합니다.

이제 새로운 평생학습은 삶의 질과 역량 향상을 위한 생애전환형 평생교육으로 전환되어야 합니다. 전 국민의 생애전환교육이 가능하도록 통합적 플랫폼을 구축해야 합니다. 청소년에게는 '여백'이 있는 학교교육, 생각을 만드는 학교교육이 되어야 합니다. 이를 위한 전환학년제를 안착시켜야 합니다. 청년의 교육-노동 미스매칭 해소를 위해 일하면서 배우는 전환교육이 중소기업의 역량 지원과 함께 이루어져야 합니다. 중장년은 은퇴 후 재고용 또는 은퇴 후 품위 있는 삶을 살도록 '중장년 전환학교'를 세워야 합니다. 노년은 이웃과 함께 백세 시대를 위한 노년학습센터학교나 제3세대 대학을 설립할 필요가 있습니다.

평생학습은 4차 산업혁명의 기술과 결과들이 사람들의 일자리를 빼앗고 노동으로부터 심각한 소외를 발생시키는 방향으로 치닫지 않도록, 광범위하고 다층적인 시민 대화를 통해 미래 사회에 적용될 정책을 마련하는 과정이어야 합니다. 우리가 평생학습 개혁 방안을 논의하는 이유는 프로그램을 교육의 중심으로 보는 것이 아니라, 다시 대상자의 삶을 불러들여 존재적 자각이 일어나도록 하기 위해서입니다. 평생학습의 궁극적 목적은 학력과 나이, 성별, 지역을 떠나 모든 존재에게 인간이 가장 가치 있는 존재임을 확인하는 과정에서 진정한 의미가 발현될 것입니다. 이를 위해 평생교육은 우리 사회가 타자와 공존할 수 있는 지속가능한 세상으로 나아갈 수 있도록 민주적 협력 과정을 통한 열린 광장의 학습을 지향해야 할 것이며, 이는 궁극적으로 타자 지향적 학습으로 귀결될 것입니다.

김태정 말씀하신 것처럼 평생교육은 성인만을 위한 것도 아니고, 전 생애에 걸친 교육입니다. 특히 평생교육은 노동할 권리를 보장하기 위한 직업교육의 성격도 띠며, 시간 있고 삶의 여유가 있는 사람들의 여가활동이 아니라 국민 누구에게나 보편적으로 제공되고 누구나 접근할 수 있어야 할 것입니다. 특히, 평생교육을 통해 교양 있는 민주시민으로의 성장이 매우 중요할 것입니다. 그런데 안타깝게도 우리나라의 평생교육은 여전히 취미·교양 프로그램의 비중이 큰 것 같습니다. 백화점 문화센터, 쇼핑센터에서도 들을 수 있는 프로그램을 공공기관이 운영하는 평생학습센터에서 진행하는 것을 보면 아쉬움이 많습니다. 이런 점에서 우리나라의 평생교육은 앞으로 어떤 방향성으로 가야 할까요?

심성보 평생교육에서 아직은 취미·교양 프로그램이 주가 되는 것 같습니다. 소비자의 기호에 맞게 짜다 보니 그렇겠지요. 모두 부정적인 것은 아니지만 이들 프로그램의 개인 중심적인 경향은 공동체적이지 못하고, 사회 변화를 다루는 프로그램을 기피하는 경향을 보입니다. 따라서 이제는 성인교육으로서의 평생교육, 시민교육으로서의 평생교육, 지역사회교육으로서의 평생교육 프로그램의 확대가 절실합니다. 아직은 평생교육이 시민교육이나 지역사회교육으로서의 위상이 미약한 것 같습니다. 그리고 사비에 의존하는 평생교육이 아니라 공비로 누구나 수강하고자 할 때 무상으로 교육받을 수 있는 체제를 갖추어야 합니다. 그렇게 해야 인간으로서, 시민으로서 삶의 재충전도 가능할 것입니다. 지금은 모든 국민의 평생학습권 보장을 위한 국가교육개혁의 대전환이 필요합니다.

김태정 심성보 교수님은 작년부터 마을교육공동체포럼, 한국교육연구네트워크, 한국교육개혁전략포럼 등과 공동주최 방식으로 교육사상 시민강좌를 운영하고 계십니다. 교사, 마을교육활동가, 관심 있는 분 누구나 신청할 수 있는 온라인 강좌로 전국에서 많은 분들이 신청하여 성황리에 진행 중이지요. 매번 강좌의 핵심 내용을 영상으로 찍어서 유튜브 채널(마을교육공동체tv)에 올리고, 진행된 강좌는 책으로도 출간될 예정입니다. 이는 시민단체가 자발적으로 상당히 높은 수준의 인문학 강좌를 개설하고 운영하는 사례로 평가받고 있는 것으로 압니다. 이는 모범적인 평생교육의 일환입니다. 어떤 문제의식으로 교육사상사 시민강좌를 기획하셨는지 소개해 주십시오.

심성보 미래의 불확실성이 커지고 사회적 격차도 심화됨에 따라 현재의 '경직된' 학교체제만으로는 이러한 과제를 극복할 수 없습니다. 우리 사회는 현재의 분절적 교육체제를 미래 지향적이며 유연함을 가진 평생학습 거버넌스로 전환시키는 것과 함께 다양한 교육적 이슈를 해소하기 위한 혁신적 평생학습을 새롭게 만들어 가야 하는 시점에 이르렀습니다. 이러한 과제를 해결하기 위해 '정책의 효율성' 위주로 강조된 전통적 평생학습정책의 접근 방식에서 벗어나 정책의 효과성, 일관성, 책무성, 유연성, 합의성을 강조하는 미래지향적 평생학습체제로 대전환을 모색할 필요가 있습니다.

그런데 교육활동가의 교육 인식이 표피적인 현상만을 바라보는 상식적 차원에 머물러 있는 것이 좀 안타까웠습니다. 이렇게 되면 사회 변화가 불가능하다고 보았습니다. 사회의 근본적 변화를 위해서는 도래할 사회에 대한 치밀한 전망과 분석이 있어야 하는데, 분노 수준에 머물고 있다는 생각이 들었습니다. 지금 필요한 것은 교육문제의 핵심을 파악할 수 있도록 교육사상적으로 깊은 이해를 체득하는 프로그램이라고 생각하게 되었죠. 그래서 시작했는데 무려 90여 명이나 수강할 정도로 많은 관심을 받았습니다. 이는 사상적 목마름을 해소하려는 갈구가 그만큼 크다는 것이고, 우리의 교육문제를 좀 더 길

교육사상사 시민강좌 1기 웹 포스터

게 바라보고자 하는 열망의 결과라고 봅니다. 그래서 희망적입니다. 교육이론과 실제의 통합, 그리고 이상 사회와 현실 사회의 조화를 통찰할 수 있는 이론적 실천가 또는 실천적 이론가가 될 수 있는 논의의 장을 열고자 하였습니다. 1기인 2021년 3월에서 2022년 2월까지는 서양 교육사상가 11명을 다루었고, 2기인 2022년 3월에서 2023년 2월까지는 추가로 서양 교육사상가 10명을 다룰 예정입니다. 3기에는 한국 교육사상가들을 중심으로 선정하여 강좌를 진행할 예정입니다.

교육사상사 시민강좌 2기(2022년 3월~2023년 2월) 웹 포스터

평생교육의 새로운 지향을 위하여

심성보

한국은 추격형 산업화를 통해 경제적 성장을 성공적으로 해냈습니다. 한국의 교육체제는 세계 최고의 성취 수준을 내는 학생들을 길러 냄으로써 산업화에 기여하였습니다. 한국은 디지털 기술의 발달이 이끄는 4차 산업혁명과 인구절벽의 흐름 속에서 포용과 혁신을 기조로 교육체제를 포함한 사회 전반적인 체제의 전환을 꾀하고 있습니다. 학업 위주의 획일적이고 서열화된 학교 중심의 교육체제에서 삶에 기초한 일과 학습이 선순환하는 평생학습체제로의 전환을 꾀하는 것입니다.

종래의 평생학습 관련 정책이 학교교육이나 직업교육훈련과는 별개로 독립된 영역인 것처럼 간주된 채, 하향식으로 공급자 중심의 프로그램을 제공하는 방식으로 추진되는 점은 문제가 있습니다. 이러한 문제점을 극복하기 위해 미래에는 학습자 주체성 존중, 지역에서 일상적 삶과 결합된 학습 지향, 모두에게 양질의 학습을 할 권리 보장, 서열화된 학교 중심성을 분산하여 다양한 성장 경로 마련, 사회 각 분야와의 연결, 연계, 통합 추구 등이 요구됩니다.

이러한 방향으로 나아가기 위해 국가 수준에서 평생학습 정책을 펴는 여러 부처 간의 연계 협력과 조정 기능 수행, 평생학습권을 보장하기 위해 모두에게 지급되는 평생학습 크레디트와 취약 계층에게 지급되는 학습수당 재원 마련, 정부-기업-노동계-학계 등의 사회적 합의를 통한 학교 밖 학습 경험과 일터에서의 경험을 학력과 동등한 가치로 함께 인정하는 한국 역량체계 구축, 학교와 일터의 다중 순환이 가능한 체제 구축 등이 요구됩니다.

저는 3년 전 정년퇴임 후 평생교육에 대한 관심이 새롭게 생겼습니다. 참으로 오래간만에 제도교육의 틀을 벗어나 탈학교의 길에 들어섰습니다. 제도의 얽매임으로부터의 자유와 해방이 무엇인지를 배우고 있습니다. 아파트 동네의 할아버지와 할머니, 그리고 아줌마, 아저씨들과 마을공동체 활동도 하면서 새로운 인생길에 들어섰습니다. 인생을 다시 시작하는 심정으로 지역 주민이 되기 위해 노력하고 있습니다. 국가의 민주화를 넘어 지역사회의 민주화와 민주적 주체의 형성이 매우 중요하다는 것을 자각하고 있습니다.

'요람에서 무덤까지'라는 평생학습의 이념이 누구나, 언제 어디서나, 뭐라도 가르치고 배울 수 있는 것임을 깨닫고 있습니다. 평생학습은 '요람에서 무덤까지의 배움'을 추칭하는 교육입니다. 그런데 '평생'은 기본적으로 개인의 인생을 겨냥하기 때문에 집단적이고 사회적인 존재인 민중 및 서민의 삶과 일정한 거리감을 갖는 경향이 있는데, 이를 넘어서지 않으면 개인주의적 고립이나 각자도생을 면치 못할 것입니다.

우리 사회의 각종 평생학습 프로그램에는 처세술, 자기계발, 심성훈련, 건강보건, 체력운동, 경제지식, 재산관리 등에 대한 강좌가 아주 많습니다. 이런 프로그램들이 불필요한 것은 아니지만 '공적 시민'을 길러 내지 못하고 공적 대중, 즉 '공중'이 아닌 어리석은 대중, 즉 '우중'만을 양산하면 민주주의의 위기를 초래하고 말 것입니다. 그것은 소크라테스의 죽음을 초래할 뿐 아니라 히틀러의 출현을 예고하는 것이기도 합니다. 이런 사회의 출현을 예방하려면 인권, 평화, 역사, 민주주의, 정치적·생태적 문해력, 미디어 리터러시 등의 프로그램이 더욱 많아져야 합니다. 자생적 학습모임 등이 많아져야 합니다. 모름지기 자기주도적 시민학습을 통한 공동체 주권을 지향하는 학습운동이 활성화되어야 합니다.

그리고 지역사회의 시민적 주체 역량을 갖는 것은 '민주주의의 필수 요소'입니다. 학교를 둘러싼 지역사회 주민의 시민적 성장 없이 마을교육공동체운동은 성공할 수 없습니다. 법과 제도를 성장시키고 개혁하는 것은 지역민의 시민적 성장 없이는 불가능합니다. 시스템도 시대에 맞게 고쳐 나가되, 새로운 교육과 학습을 통해 민주적 시민의식과 적극적으로 참여하는 주권자로 성숙하도록 만들어야 합니다. 아이들을 마을의 주민으로 키우고, 주민을 시민으로 성장시켜야 합니다.

새로운 지역사회의 주체를 형성하는 민주시민교육이 중요한 이유가 여기에 있습니다. 평생학습운동은 지역사회를 기반으로 한 민주시민교육의 확장을 모색하면서 일상과 학습의 연결, 일상생활을 통한 민주적 학습 또는 민주시민교육에 대한 관심을 키워 가고 있습니다. 지역과 마을의 어른들이 공부하지 않으면 새 시대에는 경제 발전이 불가능할 뿐 아니라, 무엇보다 모두가 주권자로 참여하는 시민사회의 구현이 불가능할 것입니다.

그런 면에서 오늘날 또 다른 교육개혁의 흐름으로 단위학교 혁신보다는 지역사회와 지역교육청을 중심으로 지역사회의 조직화 및 마을의 교육적 역량을 강화해야 합니다. 주체와 지역을 막론하고 마을학교, 마을과 학교의 상생, 마을결합형학교 등 마을과 학교의 협업을 통해 교육문제를 해결하려고 하는 마을교육공동체운동이 활성화되고 있습니다. 가히 '지역사회교육운동의 르네상스'라고 할 만합니다. 평생학습운동은 마을교육공동체교육, 민주시민교육 등 다양한 영역으로 스펙트럼이 넓어지고 있습니다.

이제 교육체제는 학교체제에만 한정되지 않습니다. 교육체제는 계속적인 훈련 및 교육, 노동과 교육의 교대, 일터와 배움터의 순환, 그리고 여러 가지 교육 채널의 열림 및 통합 등을 포함해야 합니다. 지금 혁신학교의 전국적 확산과 함께 벌어지고 있는 '마을교육공동체운동'의 발흥은 '지역사회의 새로운 변화를 보여 주는 중대한 징후'입니다. 이러한 운동에 지방자치단체가 호응함으로써 학교교육과 지역사회의 대변동이 일어나고 있습니다.

오늘날 사회가 급속하게 변동하고 있습니다. 지식과 정보의 폭증에 대응해 끊임없이 자기 갱신을 해야 하고, 이에 대응하려면 새로운 평생학습운동이 필요합니다. 평생학습은 지구적 자본이 낳은 습관적 착취가 개개인의 내면으로 들어오지 못하도록 방어하는 마음의 방패이기도 합니다. 교육 소비자나 학습 상품, 자기계발 등의 신자유주의적 개념에 자난박을 치는 운동도 벌여야 할 것입니다. 문명의 거대한 전환을 위한 마을교육공동체운동 및 마을학교운동이 미래교육의 과제가 되어야 합니다. 그러기에 평생에 걸쳐 함께 배우는 평생학습은 삶과 문화의 코드를 새롭게 엮어 나가는 실험학교 또는 대안교육적 지향을 가져야 합니다.

나에게 가해지는 억압을 거리를 두고 바라보고, 내가 욕망하는 바를 확인하고 건강한 자기를 형성해 나가는 것은 평생학습의 새로운 맥락을 만드는 일입니다. 일상은 습관적으로 유지되는 공간이 아니라, 권력에 의해 매 순간 투쟁이 이루어지는 역동적인 공간입니다. 일상이 서로 경합하고 타협하며 쟁투를 벌이는 공간이라면, 가르침과 배움을 둘러싼 의미 다툼 역시 중요한 권력 작용으로 해석되어야 합니다. 그리고 평생학습의 공간이 잘 자라게 하려면 물을 주고 볕이 들게 보살펴야 하지만, 적절하게 가지를 쳐내는 절제도 필요할 것입니다. 프로그램도 단발성에 그치지 않고 지속성을 가져야 하고 양적 확대와 함께 질적 성장을 해야 합니다.

이제 평생학습운동은 지역사회를 변화시키는 신사회운동, 즉 시민교육운동으로 진화되어야 합니다. 민주적/수평적 학습사회를 위한 평생학습운동은 사회 및 교육의 대전환을 위한 정의로운 사회의 도래를 위해 인간화, 공동체화, 민주화, 녹색화 등의 가치 지향을 가져야 합니다. 평생학습운동은 학교혁신을 넘어서 학교와 지역이 함께 성장하는 지역사회 기반 교육 및 학습 생태계 구축을 위해 확산되어야 합니다.

오늘의 토론회에서 우리가 처한 평생교육의 현실과 딜레마가 무엇이고 이를 어떻게 돌파할 것인가, 그리고 마을교육공동체운동과의 연계 방안은 어떻게 구축될 수 있을지에 대한 합리적 대안이 모색되기를 기대합니다.

6장

직업교육 개혁, 어떻게 가능한가?

2021년 12월 11일

강원도 횡성에서 시민의 손으로 만드는 한국 교육 대전환 6차 순회토론회가 진행되었습니다. 이날 토론회의 주제는 '직업교육 활성화 방안'이었습니다. 발제는 직업능력연구원 박동렬 선임연구원님과 순천향대학교 김현수 교수님이 해 주셨고, 지정토론은 전국교직원노동조합 김경엽 직업교육위원장님, 평등교육실현을 위한 전국학부모회 박은경 상임대표님, 글로벌 액션러닝 그룹 이성 대표님이 해 주셨습니다. 직업교육 활성화 방안 토론회에서 나온 내용을 요약해 보겠습니다.

• • •

직업능력연구원 박동렬 선임연구원은 '일-학습-삶이 연계된 학습자 중심 직업교육 생태계 구축'이라는 제목으로 다음과 같은 발표를 하셨습니다.

첫째, 직업교육의 현실을 진단하면서 ① 노동과 학습과 삶의 괴리 심화 ② 학습 주체, 학습 내용, 학습 공간, 거버넌스 관점에서 단절, 분절, 소외 심화 ③ 교육 내용의 단절 ④ 경력 개발의 단절(예: 대기업보다 중소기업의 직업능력 개발 참여율 2배 이상 낮음) 등을 지적하였습니다.

이를 해결하기 위해서는 ① 교육자치와 일반자치 간 정책 협력 거버넌스 내실화 추진 필요(교육부, 교육청, 평생교육협의회 간의 직업교육)과 직업훈련(고용부, 인적자원개발위원회) 협력 강화 필요 ② 직업교육 정책 성과 평가의 지속성 및 일관성 ③ 직업교육을 희망하는 모든 학습자에게 기회가 제공되어야 함 등을 지적하였습니다.

둘째, 직업교육 개혁 방안에 대해 다음과 같은 정책 제안을 하였습니다.

먼저, 직업교육 정책의 발전 방향과 비전으로 '분절, 단절, 소외 현상을 극복한 학습자 성장 중심 선순환적 직업교육 생태계 구축'을 제안하고, 혁신 방향으로 ① 일-학습-삶이 연계된 직업교육 정책 ② 지역교육공동체 구축에 기여하는 직업교육 정책 ③ '혁신 운동의 제도화'와 '제도 내 혁신 운동 강화'를 통한 정책 수행 체계의 내실화를 제시하였습니다.

다음으로, 직업계고 교육개혁 방안의 추진 과제를 다음 네 가지로 제시하였는데 그 내용은 ① 직업계고 학생의 교과 선택권을 확대하기 위한 학생 맞춤형 교육과정으로 개편 ② 학습의 질 관리 및 선택이 확대된 유연한 학사제도 마련 ③ 지속가능한 고교 학점제 운영을 위해 정보 시스템, 인프라 구축 및 내실화 ④ 직업계고의 특성을 반영한 학교 밖 교육의 학점 인정 공동 가이드라인의 내용을 초·중등 교육과정 총론과 시도교육청 교육과정 운영 규정에 반영 등입니다.

마지막으로, 고등직업교육 개혁과 관련해서는 ① '고등직업교육기관'인 전문대학의 지역교육공동체로서의 역할 및 기능 최적화(Functional Optimizing) 추진 ② 지역교육공동체 구축을 위한 체제로 개편: 마을교육공동체의 확대 모형(대학, 기업 참여) 지원 조직 운영 ③ 사회적 기업과 연계된 지역 전문대학 중심의 지역교육공동체 구축 등을 제안하였습니다.

셋째, 모든 국민에게 중단 없는 평생직업교육훈련 기회 제공을 위해 다음과 같이 여덟 가지 전략을 제안하였습니다.

① 일과 학습이 선순환되는 일-학습 순환제 도입 ② 전 국민 평생장학금 도입으로 평생학습 비용 지원 강화 ③ 직업훈련 참여 기회 격차 해소를 위해 모든 직장과 조직에 학습이 깃드는 일터 학습문화 구축 ④ 국민들의 성공적인 경력 개발을 위해 학습-경력-자격을 상호 인정하는 국가역량체계(KQF)와 산업별역량체계(SQF)의 사회적 공감대 형성 ⑤ 미래 환경 변화에 적합한 평생직업교육의 학제 개편과 함께 유연한 학사제도 개편 ⑥ 헌법에 명시된 개인의 교육 권리, 직업선택 자유, 근로 자유, 인간다운 삶 영위 등을 보장하기 위한 직업교육기본법 제정 ⑦ 지역 청년 인재의 원활한 지

역 안착과 지속가능한 삶을 지원하기 위한 지역교육공동체 프로젝트 실시 ⑧ 지역 내 직업계고와 대학에서 양성하는 인재에 대한 중앙부처와 지자체의 책무성 강화 등입니다.

순천향대학교 김현수 교수님은 '평생직업교육 대전환'이라는 제목으로 발표를 해 주셨습니다.

먼저, 평생직업교육의 현실에 대해 ① 학력 및 기업 간 임금격차 ② 낮은 평생교육 참여율 ③ 낮은 평생직업교육 예산(5년간 학생 수 8% 감소, 교육청 예산 1.5배 증가, 평생직업교육 예산은 1.4%) ④ OECD 평균 한참 못 미치는 정부의 대학 투자 ⑤ 교육과 일자리의 수도권 쏠림(예: 2021년 기준 전국에 41개교 SW 중심 대학이 지정 운영 중인데, SW 기업은 서울에 15,217개(59.0%), 경기에 4,637개(18.0%) 등 수도권에 전체의 77%가 몰려 있다) 등을 지적하였습니다.

다음으로, 평생직업교육의 발전을 위한 새로운 출발점으로 ① 미래에 필요한 역량과 교육 ② 능동적인 학습 ③ 적응형 학습 등을 제안하였습니다.

평생직업교육의 지향점으로는 ① 학습자의 성장과 발전 ② 대안적 교육이 아닌 필수교육 ③ 학교교육과 학교 이후 사회교육으로의 지속성을 언급하였습니다.

평생직업교육이 제자리를 찾기 위해서는 ① 학력 간, 기업 간 임금격차 ② 대학입시 준비를 위한 학교교육 ③ 대기업의 중소기업에 대한 갑을 관계 ④ 수도권 중심의 일자리 정책과 대학 진학 쏠림 현상 ⑤ 부족한 평생직업교육 예산 ⑥ 직업교육에 대한 국민들과 기업의 인식 등이 바뀌어야 한다고 제안하였습니다.

마지막으로, 지속가능한 발전이라는 관점에서 평생직업교육의 재구성을 제안하였습니다. ① 모두를 위한 포용적이고 공평한 양질의 교육 보장 및 평생학습 기회 증진 ② 교육을 통한 지속가능발전 촉진 ③ 대안으로서의 사회적경제와 평생직업교육의 결합 등이 그 내용입니다.

두 분의 발제에 이어 전국교직원노동조합 김경엽 직업교육위원장님, 평등교육실현을 위한 전국학부모회 박은경 상임대표님, 글로벌 액션러닝 그룹 이성 대표님의 지정토론이 있었습니다.

전국교직원노동조합 김경엽 직업교육위원장님은 '근본부터 다시 논의해야 한다'라는 제목으로 토론을 해 주셨습니다. 주요 내용을 요약하면 다음과 같습니다.

① 지금까지 정부의 직업교육 정책은 학교와 기업의 교육 연계라고 말하면서도, 실상은 학교의 제 기능을 취약하게 하는 것으로 직업계고등학교의 기능훈련기관으로서의 성격을 강화했다.

② NQF(국가역량체계)는 NCS(국가직무표준) 아닌가? 박근혜정부는 능력중심사회 건설이라는 구호로 국가직무능력표준(NCS)을 만들었다. 능력중심사회로 표방되는 능력주의가 개인 성과의 불평등이 사회가 아닌 개인 책임(능력 부족)이라는 지배 이데올로기로 기능하는 것에 대한 반성적 고찰 없이 대대적으로 개발 보급한 것이다. NCS와의 차이점은 무

엇인가?

③ 교육 불평등은 근본적으로 계급 불평등에서 비롯한다. 부모의 계급 격차가 자녀의 교육 격차로 나타나는 것이다. 교육 불평등 해소를 바란다면, 입시제도 개선이나 고교체제 개편에 머무르지 않고 자본주의의 불평등한 계급 구조에 도전해야 한다.

④ 노동자의 생산성은 노동자 개인의 직무능력에 따르는 것만이 아니다. 노동자의 집단적, 사회적 생산역량을 키우는 것에 대한 논의는 왜 없는가? 사회적, 집단적 지성의 중요성이 간과되는 것은 아닌가?

⑤ 일-학습-삶이 연계된 학습자 성장 중심 직업교육은 기존의 일-학습 병행제와 무엇이 다른가?

⑥ 직업교육 혁신은 학교가 가장 잘하는 것을 잘하게 하는 것이다.

평등교육실현을 위한 전국학부모회 박은경 상임대표님은 '현장실습은 착취일 뿐 안전한 노동이 아니다'라는 제목으로 지정토론을 해 주셨습니다.

핵심 내용을 요약하면 ① 직업계고 학생들을 저임금 노동력으로 혹사시키는 현장실습의 과정에서 사망 사고가 계속 일어나고 있다 ② 교육부는 대책으로 산업안전전담관 제도 확대 운영을 제시했으나 실효성을 기대하기 어렵다 ③ 현장실습 학생의 사망 사고의 본질은 자본의 야만성과 잔인성에 있다(기능경기대회와 현장실습이라는 명목으로 학생들의 학습권을 기업에 팔아넘기고, 청소년 학생들을 저임금 노동력 시장에 내몰아 죽음에까지 이르게 한 현장실습은 범죄행위임) ④ 현장실습제도를 폐지하고 학습권을 보장해야 한다는 것 등입니다.

글로벌 액션러닝 그룹 이성 대표님은 직업교육과 관련하여 다음과 같은 제안을 해 주셨습니다.

이를 요약하면 ① 직업교육은 평생을 위한 것이라는 점에서 적성, 흥미 위주의 진로지도는 재고가 필요하다 ② 다양한 직업을 체험하고 그 직업에 종사하는 사람과의 지속적인 교류를 통해 적성, 흥미, 수입, 안정성을 두루 고려할 수 있는 기회를 제공해야 한다 ③ 학력=괜찮은 직업이라는 논리를 벗어나 한 개인의 인격 완성을 위한 계기로 이해해야 한다 ④ 평생 직업교육은 학교나 일자리 세계가 아니라 지역사회, 마을교육공동체를 통해서 이루어지는 것이 바람직하다 ⑤ 교육부 평생직업교육 예산을 확대해야 한다는 것 등입니다.

김태정 인간은 노동하는 존재입니다. 노동 없이 사회가 유지되고 발전할 수 없습니다. 특히 생산력이 발전하면서 노동자에게 요구되는 지식과 기능의 총량도 늘어나는 경향이 있습니다. 그러므로 직업교육은 한 개인에게는 물론 국가 차원에서도 매우 중요합니다. 노동과 직업교육의 중요성에도 불구하고 우리 사회는 직업교육에 대한 국가적인 수준에서의 인식, 기업 수준에서의 태도 등에 미흡한 점이 많습니다. 스웨덴에서는 고등학교를 통합교육과정으로 운영하여 우리처럼 중학교 졸업 이후 직입계고등학교와 인문계고등학교로 학교를 나누지 않습니다. 물론 핀란드나 독일도 우리와 같이 트랙을 나누는 학제가 있습니다. 그런데 차이점은 한국은 직업학교를 나온 사람과 대학을 나온 사람 간의 임금격차 등이 훨씬 큰 데 비해서 핀란드, 독일 등 선진국들은 학력에 따른 격차가 크지 않다는 것입니다. 교수님은 한국의 직업교육, 특히 중등 교육과정의 직업교육은 어떻게 바뀌어야 한다고 생각하시는지요?

심성보 학습은 직업 세계와 관련이 있어야 합니다. 젊은이들이 노동시장에 통합되고 그들의 잠재력에 따라 지역사회와 사회에 공헌하려면, 교육을 마친 이후 강력한 지원이 필요합니다. 산업계와 지역사회 지도자들은 학생들이 다양한 직업과 노동 세계에 노출될 수 있도록, 중등 및 고등 교육에 더 잘 참여해야 합니다. 현대 사회에서 직업은 개인의 삶의 질을 결정하는 중요한 요소입니다. 따라서 빠르게 변화하는 직업 세계에 적응하려면 직업교육이 일부 학생을 대상으로 하는 것이 아니라 한 사람도 소외되지 않도록 '모든 학생을 위한 교육'으로 전환되어야 합니다. 특히 4차 산업혁명, 저출산 고령 사회의 도래와 함께 1997년 IMF, 2000년대 세계 금융 위기, 최근의 코로나19 팬데믹 등과 같이 우리의 일상생활과 직업생활에 영향을 끼치는 예측 불가능한 요인들의 등장은 직업교육에 대한 요구를 더욱 증가시키고 있습니다. 이에 대처하기 위한 중·장기적 차원의 대처가 필요합니다.

직업의 미래와 교육의 관계를 상당한 비중으로 다루어야 합니다. 직업과 진로가 중요한 부분이기는 하지만, 교육이 직접적으로 거기에 초점을 맞추거나 기술 개발에 집중하는 것은 잘못입니다. 취업 준비는 중요한 교육 목표입니다. 하지만 교육의 목표를 너무 좁게 정의하는 데는 함정이 있습니다. 취업을 위한 교육이나 기업적 기술을 개발하기 위한 교육에 집중하는 것은 잘못된 것입니다. 교육은 사람들이 자신과 가족, 지역사회를 위해 장기적으로 사회적·경제적 웰빙을 창출할 수 있도록 맞춰져야 합니다. 그리고 경제의 녹색화는 지속가능한 실행과 청정 기술을 채택함에 따라 수백만 개의 일자리를 창출할 것이지만, 국가가 탄소 및 자원 집약적 산업을 축소함에 따라 다른 일자리들이 사라질 것입니다. 교육은 공식적, 유급의 노동 세계를 바라보면서도, 또한 그 이상을 훨씬 뛰어넘는 폭넓은 관점을 취할 때 개인, 가족과 지역사회를 위한 장기적인 경제적 웰빙의 창출을 지원하게 될 것입니다.

한 명의 학생도 소외되지 않는 '모두를 위한 직업교육'을 위해서는 초·중·고등학교의 모든 교육활동에서 진로와 직업에 대한 학교 내외의 프로그램이 마련되어야 합니다. 우리나라는 오랜 사·농·공·상 사회체제로 인해 인문계 중심인 것이 문제입니다. 실업계는 늘 하찮은 직업으로 생각되어 왔습니다. 이런 사고방식은 기술교육을 홀대하는 사태를 초래하였고, 모두가 대학을 가고자 하는 사회체제를 낳고 말았습니다. 이런 체제를 극복하려면 노동시장의 민주화, 즉 고졸자와 대졸자의 임금격차를 줄여야 합니다. 그리고 인문계고등학교와 실업계고등학교의 극단적 이원화를 해소해야 합니다. 인문계와 실업계의 간막이를 없애 자유롭게 이동하도록 하고, 실업계고등학교 진학생에게 특별한 우대를 할 필요가 있습니다. 실업계 진학생이 대학 진학을 원할 때 수업료 없이 교육받을 수 있는 체제를 구축해야 합니다. 인문교육이 없는 직업교육, 직업교육이 없는 인문교육은 교육의 목적에서 모두 편향성을 낳을 것입니다.

우리에게 잘 알려진 수학자 화이트헤드는 직업교육 대 일반교육의 이분법을 그릇된 것이라며 극구 반대하였습니다. 미국의 실용주의 철학자 존 듀이도 직업교육과 일반교육 간의 대립을 해소하고자 직업의 풍부한 지적·사회적 의미를 강조하였습니다. 직업교육훈련 프로그램은 모든 노동하는 삶에서 필수적인 사회적·도덕적·미적 가치에 기반을 두어야 한다는 말입니다. 그는 노동을 격하시키고 노동자에게 오직 기계적인 반응만을 요구하는 노동/일을 개탄하였습니다. 그래서 학교가 육체노동에서 지성적 가능성의 감각을 갖기를 원했습니다. 이런 교육이 가능하려면 교육의 내재적 가치를 중시하는 인문교양교육 이념이 반영되어야 합니다. 존 듀이는 그렇게 하는 것이 최선의 직업교육이라고 생각했습니다.

김태정 한국 사회는 노동을 천시하는 경향, 특히 손으로 하는 일, 육체노동에 대한 왜곡된 인식이 극복되지 못한 것 같습니다. 이는 말씀하신 것처럼 유교적인 신분사회가 남긴 전근대적인 문화가 잔존하고 있기 때문이기도 하고, 육체노동을 하는 사람들이 관리노동을 하는 사람들보다 임금 등에서 차별을 받기 때문이기도 할 것입니다. 그런데 육체와 정신은 실제로 분리되어 있지 않습니다. 당연히, 순수한 육체노동도 순수한 정신노동도 존재하지 않지요. 육체노동을 하면서도 정신이 작동되고, 정신노동을 하는 사람도 육체를 움직이지 않을 수 없습니다. 즉 모든 노동은 육체와 정신이 함께 작동하는 것입니다. 그럼에도 불구하고 적지 않은 사람들이 노동과 노동자에 대해 편향된 이해를 하고 있습니다. 교수님은 이에 대해서 어떻게 생각하시나요?

심성보 노동과정에 정신이 결여된 것이 아닙니다. 사람이 기계가 아닌 한, 사람의 인격이 대상에 개입하는 한 정신이 투영될 수밖에 없습니다. 이런 관점은 '일터에서의 정신'을 매우 중시하는 관점과 연결됩니다. 어떤 실제적 활동도, 현장실습도 단순히 육체노동만으로 이루어지지 않습니다. 노동 속에 '정신'이 깃들어 있기에 일의 탁월성이나 미적 탁월성도 추구될 수 있습니다. 도서관 지붕의 물이 새는 것을 수리하기 위해 육체적으로 일하는 사람과 도서관 책상에서 공부하는 사람 중 누가 더 탁월한 활동을 하는 건가요? '육체노동'을 하는 배관공이나 미용사, 목수, 운전사 등도 인지, 판단, 기억, 지식 등을 이용하는 지적 노동, 즉 '정신노동'을 한다고 말할 수 있습니다. 이것이 바로 마이스터 정신이고 장인정신입니다. 이런 직업교육관은 노동자를 교양을 지닌 시민으로 길러 내는 교육과정에 인격 도야, 비판적 사고와 실천을 위한 학습을 포함시켜야 가능한 일입니다.

직업계 교육과정이 지나치게 '기능 습득'에만 초점을 맞출 경우 이론과 실제라는 그릇된 이분법을 초래할 위험이 있습니다. 실천적 방식에 대한 이론적 이해가 부정되고, 실천 속에 녹아 있는 '지혜'가 무시될 수 있기 때문입니다. 직업교육(기술교육)을 학문교육(인문교육)과 대치시킨다면, 직업기술을 제대로 가르치더라도 교육 본연의 목적을 구현할 수 없게 될 수 있습니다. 기능 습득 위주의 직업교육을 넘어선 인문교양교육이야말로 진정한 교육이라는 것입니다. 궁극적으로 비판적 시민을 가르치는 데 목표를 두지 않는 직업교육은 기술적 노예를 길러 낼 가능성이 있습니다.

김태정 박동열, 김현수 두 분의 발제자도 공히 강조하고, 지정토론자인 이성 선생님도 강조한 것이 직업교육과 마을교육공동체의 연계성, 사회적경제 영역과의 연계성입니다. 즉 직업교육이 학교 안에서만 이루어지지 않고, 민·관·산·학 교육 거버넌스를 통한 지역사회 차원에서 이루어져야 하고, 전통적인 제조업이나 서비스 영역을 넘어서 사회적 가치를 창출하기 위한 사회적경제 영역과 결합해야 한다는 것입니다. 이 문제의식을 더 발전시킨다면, 직업교육이라는 한정된 사고를 벗어나 전인교육이라는 관점에서 기존의 직업교육을 재구성할 필요가 있어 보입니다. 기존에는 직업교육을 곧 노동자를 양성하는 교육으로 협소하게 바라보고 있었고, 그러다 보니 교육과정도 매우 편향적으로 운영된 것 같습니다. 교수님은 이에 대해 어떻게 생각하시나요?

심성보 진정으로 문명화된 사회는 혐오의 힘에 맞서기 위해 맹렬히 노력해야 하며, 모든 시민의 완전한 평등과 상호 존중이 보루가 되어야 합니다. 이를 위해서는 육체와 우리 자신과의 관계 전체를 재형성해야 합니다. 육체와 그것의 부산물에 대한 염오는 부정한 사회적 위계질서를 지속시키는 역할을 해 왔기 때문입니다. 그러므로 건강한 민주주의를 위해서는 그러한 사회적 형태를 비판하고 거부하지 않으면 안 됩니다. 그리고 집(가정)과 일(생산)의 세계 사이의 중간지대에 놓인 '학교 공간'을 다시 설계해야 합니다. 학교는 삶의 세 영역, 즉 가정의 삶, 직업적 삶, 시민적 삶의 욕구를 다루는 다목적 공간이 되어야 합니다. 오직 성공적인 경제적 삶을 준비하는 곳이어서는 안 됩니다.

직업적 활동에 참여하는 사람들에게도 실제적 목적을 추구하는 과정에서 유능한 일꾼이 되기 위해 이론적 이해가 필요합니다. 실업계 실습생이라도 이론적 교육을 통해 자신이 수행하고 있는 일을 폭넓게 이해할 수 있습니다. 이탈리아의 혁명가 안토니오 그람시는 듀이와 다르게 직업교육 원리와 노동자의 계급적 성장을 연계시키는 정치적 대안을 제시했습니다. 마르크스주의자인 그람시와 자유주의자인 듀이의 정치적 입장은 서로 달랐지만, 직업교육에 대한 이들의 관점은 비슷했습니다. 듀이는 당시의 심각한 사회적 불평등을 산업민주주의의 발전을 통해 해결하고자 했으며, 그것만이 모두가 의미 있는 직업을 가능하게 하는 민주적 사회 구현의 기본적 동력이라고 보았습니다. 그람시는 듀이보다 산업자본주의의 모순에 대해 훨씬 근본적인 차원에서 노동자계급에 대한 마르크스주의적 관점을 보였습니다.

교육사회학자 바실 번스타인도 노동계급이 일상적/경험적 지식이나 아동 중심적 교육에 매몰되어 학문적 지식에 접근할 수 없게 만드는 신보수의 교육 경향을 우려하였습니다. 역사적으로 교육과 훈련, 학문적인/이론적인 것과 실천적인/실제적인 것, 교양적인/일반적인 것과 직업적인/기술적인 것은 수 세기 동안 극한 대립을 보여 왔습니다. 양자의 대립은 일, 노동, 생산을 결합시켰던 산업화/근대화와 연동된 학교교육의 대중적 팽창 및 의무교육제도의 발달과 밀접한 관련을 맺고 있습니다.

일은 직업교육(직업 능력)과 노동교육(노동 능력) 그리고 인간교육(인문적 능력)이 상호 융합되어야 합니다. 넬 나딩스가 강조하듯 학교는 개인적 삶, 직업적 삶, 시민적 삶을 모두 충족하는 다목적 공간이 되어야 합니다. 인간의 존엄성이 존중되고 모두가 품위 있는 삶을 영위하기 위해서는 미래 세대에게 지적인 능력, 시민적 역량과 직업적 탁월성을 길러 주어야 합니다. 일시적 기능 습득과 취업 교육을 뛰어넘어 장기적 사회 변동과 변화에 탄력적으로 대응할 수 있는 효능감과 직업적 탁월성을 기르는 교육을 준비해야 합니다.

김태정 이번 토론회에서 다시 확인되었고, 그동안 많은 분들이 지적한 것이 현장실습제도입니다. 현재 직업계고 3학년 학생들은 전체 수업 일수의 3분의 2를 마친 경우 현장실습에 나갈 수 있습니다. 현장실습에 참여하는 학생들은 대개 10월부터 업체에서 일을 하게 되는데, 이를 통해 직업계고 학생들의 취업률이 지표상 높아지게 된다고 합니다.

직업교육을 받는 고등학생들이 기업 현장에서 실습할 수 있도록 제도적 근거가 만들어진 것은 1963년 산업교육진흥법 제정으로 거슬러 올라갑니다. 당시 제도는 직업교육이 어떤 목표와 교육과정으로 진행되어야 하는지조차 없는 상태에서 만들어졌습니다. 왜 이렇게 급조되었을까요? 그것은 당시 권위주의적 정부하에서 노동력을 조달하는 수단으로 이 제도를 만든 것이기 때문이라 할 수 있습니다. 즉, 최대한 빠르게 노동력을 투입해 숙련된 노동자를 만들기 위해 현장실습제도를 도입한 것입니다.

1987년 민주화 항쟁으로 많은 부분이 바뀌었지만 그 뒤로도 직업계고 현장실습제도는 크게 바뀌지 않았습니다. 오히려 1993년 정부는 신경제개발5개년 계획의 일환으로 현장실습제도를 확대하였습니다. 교육 기간을 2년으로 줄이고 1년을 산업체 적응과 훈련이라는 이름으로 학생들을 조기에 노동 현장에 투입할 수 있도록 한 것입니다. 이후 1997년에는 전문교과 학습을 현장실습으로 대체할 수 있도록 하였습니다. 그 결과 학생들의 학습권은 침해받고, 최소한의 직업교육 시간도 줄이면서 학생들은 기업이 요구하는 저임금 노동자로 내몰렸습니다.

현장실습제도는 학습권 침해, 저임금 노동이라는 문제점과 함께 생명을 위협하기도 합니다. 실제로 학생들이 현장실습을 하다가 다치는 것은 물론이고 심지어 사망하는 사고도 계속 발생해 왔습니다. 그때마다 정부는 재발 방지를 약속했지만 나아지고 있지 않습니다. 때문에 현장실습제도를 폐지해야 한다는 주장도 나오고 있습니다.

교수님이 보시기에 한국의 직업계고 교육의 정상화를 위해서는 어떤 노력이 필요하다고 생각하시는지요?

심성보 직업계고등학교의 교육 정상화를 위해 도제교육, 현장실습, 기능반의 비본질적 요소를 제거하면서 교육의 본질에 충실한 운영을 해야 합니다. 근원적으로 직업계고나 인문계고나 모두 입시 위주의 교육이 되어 버린 현실을 극복해야 합니다. 물론 노동 천시와 학벌주의 사회 체제로 인해 직업교육이 안착하기란 쉬운 일이 아닐 것입니다. 지금부터라도 대기업은 직업계고 학생들이 주로 일하는 중소기업과 동반자적 관계를 맺어야 합니다. 대기업의 하청업체에 대한 갑질은 곧 직업계고등학교 학생들의 노동착취와 인권침해로 이어질 것이기 때문입니다. 직업교육에서 학습자의 안전권과 학습권이 중요한 이유도 여기에 있습니다. 사람을 중심에 둔 작업공정, 노동인권이 보장되는 공간을 조성해야 합니다.

기능 관련 직업에 대한 낮은 사회적 인식, 이에 대한 학부모와 시민들의 직업에 대한 인식 전환이 필요합니다. 아무리 좋은 제도라도 기술에 대한 태도와 직업관이 정립되어야 합니다. 교육의 주요한 의사결정자인 학부모, 시민들의 기술과 노동에 대한 태도가 변하지 않는다면 직업교육 경로는 사상누각이 될 것입니다.

지금 우리는 직업교육의 혁신을 위한 종합적 처방과 노력을 기울여야 합니다. 희망하는 모든 학생에게 직업교육 기회를 제공하는 학생 성장 중심의 유연한 학사제도를 구축해야 합니다. 직업계고의 정체성을 유지하면서 학생들의 진학 요구를 충족시키기 위한 방안으로 고교-대학 간 연계 교육이 활성화되어야 합니다. 교육자, 고용주, 노동조합, 정부 부처들 간의 긴밀한 협조와 지역교육공동체 구축을 통해 선순환적 지역 인재를 양성하고 활용해야 합니다. 4차 산업혁명, AI, 코로나로 또다시 찾아온 거대한 문명 전환의 물결 속에서 앞으로는 이전과 다른 직업사회가 전개될 것입니다. 청소년을 포함한 모든 인간의 품위 있는 삶을 위해 전 국민이 직업교육을 받을 수 있는 직업 세계의 대전환을 모색할 때가 되었습니다.

한국 사회의 대전환을 위한 직업교육을 위하여

심성보

직업교육 정책은 1960~1970년대 우리나라 산업화에 크게 기여했지만 1990년대 이후 점차 쇠퇴하기 시작하여 학생 수 감소, 대학 진학 중시 현상 등으로 인해 직업교육의 본질과는 다르게 운영되어 왔습니다. 이를 해결하기 위해 다양한 정책과 국가의 지원이 있었으나, 지원이 끊기면 여러 정책들이 동시에 교육현장에서 사라지곤 하였습니다.

이제 기존의 진로·직업 정책에 대한 양적, 질적 평가를 통해 성과가 있는 정책은 교육현장에서 뿌리를 내리고 지속적으로 운영될 수 있는 법적 장치와 구체적 방안 마련이 필요합니다. 또한 그동안의 직업교육은 주로 교육, 학교 정책 내에서만 접근하고 있어서 과학기술 인력, 저소득층 복지, 산업체와의 연계 부족 등의 문제가 있습니다. 따라서 향후의 과제는 그 내상과 범위를 확대하여 과학기술 정책, 복지 정책 등을 아우르는 통합적인 정책적 접근이 필요합니다.

그런데 고체적 근대 사회에서 액체적 근대 사회로의 이동, 그리고 4차 산업혁명 및 코로나 사태의 전개는 일과 교육의 관계, 직업교육에 대한 논의를 매우 복잡하게 만들고 있습니다. 또한 자동화에 따른 실업, 양극화, 불확실성 등 노동시장의 변화와 가상현실 등 급격한 기술의 진보는 직업교육의 새로운 방향을 요구하고 있습니다. 하지만 노동시장의 요구와 인력 양성 논의는 여전히 산업의 생산성만을 위한 기능주의 접근이나 인적자본론에 경도되어 노동, 학습 그리고 삶의 괴리를 더욱 심화시키고 있습니다.

학교와 일터는 학생을 가르치고 노동자의 생산적 행위를 이끌어 내는 장소일 뿐 아니라, 사회의 기본적 성질을 정의하도록 해 주며, 그 사회의 구성원들이 어떻게 삶을 살아가는지에 대한 구조를 제공하는 사회적 공간입니다. 학교와 일터는 이웃, 지역구조, 정치, 문화와 서로 영향을 주고받습니다.

교육철학자 리처드 프링은 학교가 일차적으로 학생들에게 갖춰 주어야 할 것으로, 학문적 교과의 숙달보다 일상생활에 필요한 기능·이해·판단 능력을 기르는 직업교육의 중요성을 역설하였습니다. 사실 인생에서 모든 교육은 직업을 준비하도록 한다는 점에서 '직업적'이라고 할 수 있습니다.

지금은 고등학교 교육의 보편화로 인해 중산계층의 고용과 노동계층의 안정적 고용의 통로였던 고등학교 졸업장의 가치가 하락되었습니다. 나아가 고등교육의 대중화로 청소년층이 누렸던 대학 학위의 경제적 가치도 위협받고 있습니다. 즉 졸업장의 역할을 더욱 강화하는 실력주의와 학력주의가 직업교육과 학문교육의 교류를 가로막고 있습니다.

우리의 청소년들은 앞으로 직장생활을 하면서 단지 임금을 받고 살아가는 노예가 아니라 '일의 주인'으로 살아가야 합니다. 언제나 사람과 세상을 마주하며 스스로의 때와 기틀을 잃어버리지 않도록 하는 것이 '일'이어야 합니다. '일한다'는 것은 관계를 관계답게 만드는 행위입니다. 그 관계의 대상은 자연일 수도 있고, 사람일 수도 있으며, 사회 전체일 수도 있습니다. 인간은 일을 통해서 자신의 삶을 만들고 인간 본성을 획득하며, 더 나아가 자신을 만들어 갑니다.

일터에서의 노동과정에 장인정신이 녹아 있어야 합니다. 망치와 끌로 돌덩어리를 조각하듯 생각과 지식으로 자신의 인격을 도야해야 합니다. 그래야 노동은 숙련화될 수 있습니다. 도서관에서 책을 보며 연구하는 사람과 그 옆에서 컴퓨터를 수리하는 사람 사이에 차별이 있을 수 없습니다. 대학 연구 활동의 중심이 되어야 하는 학문적 연구에 모든 학생이 적합한 것은 아닙니다. 따라서 학문적 연구에서 소질이나 적성의 부족 문제를 '결함'으로 보지 말아야 합니다. 자아 및 세계의 변혁을 촉진시키는 좋은 학교의 과업은 학생들이 잘하고 있는 것, 하고 싶은 것을 찾아가도록 도와주는 데 있어야 합니다.

인류 문명의 발전은 일을 통해 완성됩니다. 여기에서 가장 중요한 과제는 일자리 창출이기보다 일의 본래적 가치를 회복하는 데 있습니다. '직업(job)'은 신체적 점유이지만, '일(work)'은 정신적 향유입니다. 따라서 '일을 위한 교육'은 먹고사는 직업의 일(occupational work)인 동시에 향유하는 재

창조의 일(recreational work)이기도 합니다. 노암 촘스키는 일이란 삶에 필요한 자유롭고 의식적인 활동임을 강조하였습니다.

이제 직업적 의식이나 경제적 가치로 한정된 일뿐만 아니라, 사회역사적 관계 맺기로서의 일에 주목해야 합니다. 생계유지를 위한 '직업적 인간'을 넘어 앞으로 미래 사회의 새로운 핵심 구성원으로서 사회역사적 진보를 담아내는 '일이 있는 인간' 형성을 위한 직업교육이어야 합니다. 이러한 목적은 실업계 학교뿐 아니라 인문계 학교에서도 반드시 필요합니다. 인문 교과와 직업 교과가 고등학교 단계에서 더욱 밀접하게 연계되면서 상호 호환이 자유로운 종합학교(Gesamtschule/comprehensive school)나 종합기술교육(polytechnical education) 이념은 바로 여기에서 출발한다고 할 수 있습니다. 따라서 직업교육 이념은 경제적 시급성에 휘둘리거나 단순한 직업훈련에 매몰되어서는 안 됩니다. 인문교육에도 기술교육이 필요하고, 기술교육에도 인문교육이 필요한 것입니다.

이런 교육체제를 가능하게 하려면 모든 아이를 대학으로 보내려는 교육관은 재고되어야 합니다. 그리고 실업계 학생들의 학문적 연구를 위한 소질과 적성의 부족함을 '결함'으로 보지 말아야 합니다. 좋은 직업학교란 학생들이 잘하고 있는 것, 하고 싶어 하는 것을 찾아가도록 도와주는 학교입니다. 이러한 학교 건설이 가능하려면 근본적으로 노동시장의 불평등이 개혁되어야 하고, 대학서열체제가 해소되어야 합니다. 노동구조의 변화와 학벌체제의 해소 없이는 직업계고의 교육 현실이 좀처럼 변화되지 못할 것입니다.

나아가 중소기업이 대기업에 종속된 취업 환경은 곧바로 직업계고등학교 학생들의 노동착취와 인권침해와 연동되어 있기에 대기업과 중소기업의 공생구조를 확립해야 합니다. 사람을 중심에 둔 작업공정, 노동인권이 보장되는 공간을 조성해야 합니다. 도제교육, 현장실습, 기능반의 비본질적 요소를 제거하고, 교육의 본질에 충실한 학교 운영을 하도록 해야 합니다. 지식의 생산을 다루는 학문 정책의 변화와 지식의 재생산 기제 역할을 하는 교육과정의 개편이 이루어져야 합니다. 교육과정에서 전문적인 학문교육과 실무적인 직업교육을 매개하는 새로운 관계를 설정해야 합니다.

따라서 교육, 학습, 사회 그리고 노동이 통합된 새로운 체제가 마련되어야 합니다. 직업 준비가 자아실현/개인의 발달과 사회의 진보 및 시민정신과 연계되어야 합니다. 교육은 진로 탐색의 새로운 경로로서 삶의 각성, 인격 형성, 시민의식의 고양이라는 세 가지에 중심을 두어야 합니다. 직업적 인간을 넘어 '일이 있는 인간'으로 나아가야 합니다.

직업교육을 바로 보는 우리의 담론과 실천적 논의가 아직 취약한 현실에서 오늘의 토론이 한국 교육 대전환을 위한 숙의의 공론장이 되기를 기대합니다.

7장

대안교육 활성화,
어떻게 가능한가?

2022년 1월 28일

전북 전주에서 시민의 손으로 만드는 한국 교육 대전환 7차 순회토론회가 진행되었습니다. 이날 토론회의 주제는 '대안교육 활성화 방안'으로, 삶을 위한 교사대학과 공동 주최를 하였습니다. 안성균 삶을 위한 교사대학 이사장님이 좌장 역할을 해 주셨고, 송순재 전 감리교신학대학 교수님이 기조발제를, 윤철경 GL 학교 밖 청소년 연구소장님, 여태전 상주중학교 교장 선생님, 유은영 대안교육연대 부대표님이 정책 제안을 해 주셨습니다. 이 토론회에서 발표된 내용을 요약 정리하면 다음과 같습니다.

• • •

송순재 교수님은 '대안교육의 세계적 성과와 국내 대안교육의 성과'라는 주제로 대안교육의 개념, 역사를 개괄해 주셨습니다.

첫째, 대안교육의 개념과 관련하여 "대안교육이란 국가가 일정한 정치적 입장에서 기준을 정하고 도입하여 운영하는 표준화된 '공교육' 학교의 체제, 철학, 방법론 등이 가지는 한계나 결손 문제를 이유로, 교육의 그것과는 별개의 '또 다른' 혹은 진정한 교육 가능성을 모색하기 위한 시도 일반을 지칭한다"라고 소개하였습니다.

둘째, 서양 교육사를 통해 대안교육의 흐름을 짚어 보았습니다.

먼저, 독일은 19세기 말 전통적 엘리트 교육체제를 모형으로 한 기성세대와 교사 중심의 교육 형태였는데 차츰 그에 대한 이의 제기와 함께 개혁교육운동이 일어났다고 합니다. 당시 개혁교육운동의 지향점을 ① 기존 교육제도에 대한 철저한 비판을 바탕으로 그 극복을 위해 새로운 학교를 추구하기 ② 교육에 대한 정치 논리를 거부하면서 인간을 중심에 놓는 철저한 교육학적 전환을 요구하기 ③ 전통적 교사-아동 관계를 아동을 존중하는 교육구조로 전환하기 ④ 교수 방법 역시 아동을 존중하는 교수-학습 방식, 즉 노작학교, 프로젝트법, 실천학습 등으로 바꾸어 내기 ⑤ 새로운 아동심리학과 발달심리학의 연구 성과를 아동 이해에 적극 도입하기

⑥ 아동을 다만 지적인 인간이 아니라 사회적 구조 속에서 존재하는 전인으로서 보기, 이에 따라 사회공동체적 삶의 방식이나 예술 같은 차원을 중시하기 ⑦ 학교 건축과 교실 공간을 아동이 자유롭게 활동할 수 있는 구조로 바꾸어 내기 ⑧ 교육과정 역시 경직되고 미리 고정된 형식을 '최소화'하고 아동이 그때그때 자유롭게 참여할 수 있도록 유연한 구조를 확보해 내기 ⑨ 삶의 문제를 학교교육에 끌어들이기 ⑩ 교육을 학교 울타리를 넘어서 확장하기 등으로 소개하였습니다.

다음으로, 20세기 중엽의 대안교육으로 북미의 경우 1964년 조지 데니슨을 중심으로 뉴욕에 세워진 '제1번지 학교', 1966년 조나단 코졸이 설립한 '어린이를 위한 새로운 학교', 독일에서 1972년 하노버에 설립한 글록제 학교, 중남미에서는 이반 일리히의 탈학교, 파울로 프레이리의 민중교육, 하버마스의 대안교육에 대한 견해, 독일 빌레펠트 실험학교의 창설자 하르무트 헨티히의 느슨한 형태의 학교 모형 등을 소개하였습니다.

마지막으로, 대안교육 사례로 독일의 전원학사, 발도르프 학교, 영국의 전원학사와 서머힐 스쿨, 프랑스에서 프레네의 현대학교운동, 미국에서 존 듀이의 프래그머티즘에 의한 학교, 덴마크의 그룬트비와 콜의 자유학교, 러시아에서 톨스토이의 자유학교, 일본의 하니 모토코 여사의 자유학원, 인도의 간디와 비노바 바베, 중남미의 이반 일리히의 탈학교론 등을 간략히 소개하였습니다.

셋째, 한국의 대안교육에 대한 평가와 과제에 관련해 "우리 사회의 교육과 학교에 대한 고정 관념을 생산적 방향으로 흔들어 놓았으며, 공교육체도 내 혁신학교의 도입과 확산 과정에서 하나의 결정적 역할을 했다"라고 평가하면서, 대안학교의 교육 내용과 학교체제에 대한 냉정한 평가가 요구되는 시점이라고 이야기해 주셨습니다.

윤철경 GL 학교 밖 청소년 연구소장님은 'Covid-19 시대적 전환기에서 본 교육개혁 전망과 대안교육의 위치, 발전을 위한 제언'이라는 제목으로 발표하셨는데, 이를 요약하면 다음과 같습니다.

첫째, 코로나19 이후의 사회와 교육에 대해 ① 산업의 지형 변화, 일상의 변화 ② 디지털 기기의 일상화, 언택트 문화 ③ 단절과 관계의 중요성 대두 ④ 돌봄의 중요성 부각 ⑤ 가치의 변화 ⑥ 교실에 무기력하게 남아 있는 학생들 ⑦ 직업 세계로의 진입이 지체되거나 무업에 이르는 청소년들 ⑧ 디지털 사회로의 변모와 청소년에게 새로운 기회 가능성 등을 이야기하였습니다.

둘째, 북유럽 아일랜드와 스웨덴의 청소년 직업교육 사례를 공유하였습니다. 아일랜드 견습 과정의 경우 평생교육청인 SOLAS가 관장하고 있는데 국가역량체계(NFQ)의 5~10단계를 포괄하며 2~4년 정도의 시간이 소요되는데, 50% 이상이 현장학습으로 실시되며 온라인/실외학습/혼합 등 다양하고 유연한 방법으로 제공된다고 합니다. 견습 등록을 위해서는 최소 16세 이상이어야 하고, 청소년자격증(Junior Certificate)에 상응하는 자격을 갖추어야 하며, 고용주와 견습생들은 정식 계약하에 고용되고, 월급을 받을 수 있다고 소개하였습니다. 한편, 스웨덴 견습 교육은 교육부의 견습지원센터가 담당하는데, 참여 학생 10명 중 9명이 직업을 찾았고 중도탈락률도 낮다고 합니다.

학교 기반 견습의 경우 매일 학교에 가지만 연간 6주는 직장체험(10만 명)을 하며, 직장 기반 견습은 3년 동안 50%를 직장에서 학습하고, 1주일에 3일은 기업에서 실습(1만 명)을 한다고 합니다. 학교에서는 12개 직업교육과정, 6개 대학입학 교육과정 등 18개 교육과정을 운영하는데, 입문 과정으로 9년제 기초교육을 마치지 못한 학생을 대상으로 기초교육을 먼저 실시한 후 직업교육과정에 진입하도록 한다고 소개하였습니다.

셋째, 정책 제언으로는 ① 지역사회 교육자원 구축 및 이용 활성화 촉진으로 마을 교육자원 구축 및 학교 밖 청소년 이용 활성화, 마을 교육자원 플랫폼 구축, 학교 밖 청소년 대상 교육 바우처 제도화 ② 학교 밖 청소년 교육과 훈련, 자립을 위한 지역 생태계 구축으로 지역 학교 밖 청소년 발굴 및 지속적·장기적인 라포 형성 ③ 대안교육기관 선택권 보장 및 지원 방안으로 대안교육 지원법(혹은 기본법) 제정, 대안교육기관법 개정, 대안교육기관 재정 지원 기준, 학력 인정 기준 마련, 학교재정 투명성 확보를 위한 예·결산 시스템 지원, 대안교육기관 플랫폼 설치 및 전산망 구축, 방송통신 중·고등학교 등 국가개발 교육 프로그램 공유·활용 ④ 학교 안과 밖을 통합한 교육체계 구축 등에 대해 이야기하였습니다.

여태전 상주중학교 교장 선생님은 '공교육 혁신의 선도재로서 대안교육의 역할과 과제'라는 주제로 제안을 해 주셨습니다.

첫째, 대안교육 20년의 성찰과 과제로 대안학교는 교육의 본질 회복을 위한 '새로운 학교'로 등장하였고 공교육을 선도하는 역할을 하였으며 미래 학교의 성격을 가지고 있다고 평가하면서도, 인가받은 대안학교(93개)와 미(비)인가 대안학교(교육부 추산 700여 개) 사이의 간극이 존재한다고 지적하였습니다.

둘째, 미래교육을 선도하는 대안교육의 정책으로 ① 우리 사회 전반에 만연한 '대안교육과 대안학교'에 대한 오해와 편견을 해소하는 데 좀 더 심혈을 기울여야 한다 ② 대안교육은 교육의 본질을 회복하는 운동임을 분명히 해야 한다 ③ 대안교육은 국가가 적극적으로 지원해야 할 공교육의 영역임을 분명히 하고 다양한 형태의 대안학교 설립을 직접 주도하거나 적극적으로 지원해야 한다 ④ 대안교육 관련 법의 일원화 작업이 필요하다(예: 현행 법체계는 '대안교육 특성화고등학교'(「초·중등교육법 시행령」 91조 1항), '대안교육 특성화중학교'(「초·중등교육법 시행령」 76조), '대안학교'(「초·중등교육법」 60조의 3)를 위한 법령이 분리되어 있음) ⑤ 대안교육 현장에서 헌신할 교사를 키우고, 이들을 지속적으로 성장시키는 연수, 대안학교 거버넌스 구축과 운영 등을 담당할 '대안교육지원센터'를 설립해야 한다는 것 등을 제안하였습니다.
유은영 대안교육연대 부대표님은 '대안교육기관법 제정 이후 대안교육 활성화 방안과 공교육의 협치 모색'이라는 주제로 말씀해 주셨습니다.

첫째, 우리 교육에 대한 문제의식으로 코로나19 팬데믹으로 인한 등교일수 감축, 온라인 수업의 한계, 마을로 나오는 아이들, IT산업의 교육과의 결합, 진로직업교육의 변화 요구, 대학서열과 지역 소멸, 지속 불가능한 사회위기 등을 들었습니다.

둘째, '대안교육기관의 의미'라는 제목으로 멀리 일제하 신흥무관학교부터 해방 이후 야학운동, 빈민탁아운동 1990년대 공동육아운동, 2000년대 대안교육운동의 확대, 2006년 지방교육자치에 관한 법률 개정으로 교육감의 직선제 도입 이후 혁신학교, 혁신교육지구, 마을교육공동체의 등장과 확대까지의 흐름을 소개하였습니다.

셋째, 제도와 관련해서는 ① 대안교육기관에 관한 법률이 제정되어 민간교육기관으로 인정, 취학 의무 유예, 학교 밖 청소년의 학습권, 학교 명칭 사용 등이 이루어졌다 ② 대안교육기관에 관한 법률 시행령에 교원의 자격을 전문학사 이상의 학위 취득 후 해당 분야 2년 이상 실무 경력을 요구하고 있는 점 등의 개정이 필요하다 ③ 대안교육연대에서 대안교육기관 등록운영 조례를 제안 중이다 ④ 재정 지원을 통한 대안교육기관 활성화 방안으로 교육부는 지방교육재정교부금법을 개정하여 대안교육기관 특별교부금을 확대 편성하고, 협의체를 구성하여, 인구 소멸 위기의 지역을 지키기 위해 지방재정법 혹은 국가균형발전 특별법 등을 활용하여 지역혁신체계를 구축해야 한다. 또한 학교 밖 청소년 지원에 관한 법률, 학교 밖 청소년 지원에 관한 조례 등으로 급식비, 입학준비금, 학교안전공제회 가입비 지원 등이 가능하다는 것을 제안하였습니다.

넷째, 지역을 살리는 교육기관 지원 방안으로 ① 청년을 위한 갭 이어(gap year) 교육기관 지정 지원 ② 지역의 거점 교육기관, 지역교육 연구기관 지정을 제안하였습니다.

김태정 교육을 통한 전인적 발달이 이루어지려면, 또 교육이 사회의 지속가능한 발전에 기여하려면 국가 중심적인 교육 시스템만으로는 분명한 한계가 있습니다. 루이 알튀세르는 학교를 언론, 방송, 종교 등과 함께 이데올로기적 국가장치로 분류하였고, 마이클 애플은 학교에서 잠재적 교육과정을 통해 지배 이데올로기가 내면화되는 것을 지적하였습니다. 한국은 권위주의적인 정부하에서 제도교육을 통해 체제에 순응적인 사람을 길러 내려 했고, 최근에는 경쟁교육을 통해 차별에 찬성하는 세대가 만들어지고 있습니다. 그런 측면에서 국가 중심 제도교육의 한계는 너무나 분명해 보입니다. 따라서 제도교육 외의 대안교육의 중요성을 간과해서는 안 되며, 대안교육과 제도교육이 적절한 균형을 확보하고, 주권자들이 제도교육 외에도 다양한 선택의 권리를 가져야 할 것입니다. 이를 위해서는 대안교육에 대한 지원이 확대되어야 할 것입니다. 하지만 그간 우리 사회에서 대안교육은 매우 왜곡된 관점에서 접근되곤 했습니다. 그 이유가 무엇이라고 생각하시나요?

심성보 오늘날 우리 사회에서 '대안교육'은 시대정신을 이끄는 개념 중 하나로 자리 잡았습니다. 하지만 그것은 개념이기 이전에 '운동'으로 존재하였습니다. 그 첫 번째 문제의식은 우리 사회 안에서 싹터 자라났으나 세계사적인, 특히 서양에서 일어난 교육운동의 맥을 타고 전개되어 왔습니다. 그것은 일단은 제도교육에 대해서, 그것이 지속적으로 산출해 내는 문제에 대한 이의 내지 항의의 몸짓이었습니다. 대안교육운동은 개혁교육운동과 함께 공교육을 국가주의, 권위주의, 경제와 산업 중심적 구조에서 문명비판적 시각에서 인간화를 위한 방향, 즉 아동과 청소년의 개별적 삶, 자유와 자발성, 개성의 다면적·창조적 전개, 사회비판, 생태주의적 전환이라는 방향으로 추동하는 데 기여하였습니다. 일각에서는 대안교육을 여전히 문제 청소년에 대한 교육, 대안학교는 일탈 학생들이 다니는 학교라는 인식이 있습니다. 하지만 대안교육은 제도교육(공교육)의 혁신을 위한 촉진제가 될 수 있고, 사회의 근본적 변화를 위한 가치 형성에 중요한 기능을 할 것입니다. 근본적으로 대학서열체제와 학벌주의체제의 고착화로 인해 대안교육에 대한 상상력이 취약한 것은 걸림돌입니다. 대안교육의 향방은 우리의 미래 사회에 대한 전망과 시민사회의 성숙도가 아직 미약함을 보여 주므로, 선진 사회로 나아가기 위한 장기적 준비가 필요할 것입니다.

김태정 대안교육의 영향력은 기존의 제도교육에도 많은 변화를 가져왔습니다. 혁신학교는 사실 대안교육의 성과를 제도교육 안으로 가져온 것이라고 할 수 있습니다. 그런 측면에서 대안교육은 공교육의 선도자 역할을 해 온 것이 사실입니다. 그런데 역설적으로 혁신학교가 성공하고 확장되면서 대안학교의 존재나 정체성 위기가 발생하고 있다는 지적이 있습니다. 학령인구가 줄어드는 것도 문제이지만, 혁신학교가 늘어나면서 대안학교가 아닌 혁신학교에 학생들이 진학하는 현상이 나타난다고 이야기하는 분도 있습니다. 다른 한편에서는 혁신학교들이 양적으로 늘어났으나 무늬만 혁신학교인 경우도 있고, 이러한 현상이 대안학교에서도 나타난다고 이야기하는 분도 있습니다. 교수님이 보시기에 혁신학교와 대안학교의 관계는 어떠해야 합니까?

심성보 지금 지역사회에 뿌리박은 대안학교는 성공하고 있지만, 그렇지 않은 대안학교는 어려움을 겪고 있습니다. 어떤 대안학교는 입시 명문 학교로 변질하기도 했고, 돈벌이 수단으로 전락한 곳도 있는 것 같습니다. 그런데 한국 대안학교가 기여한 장점에도 불구하고, 지금은 대안학교의 교육 내용과 학교체제에 대한 냉정한 평가가 필요합니다. 교육 내용 면에서는 교육철학과 교수·학습과정의 탈바꿈을 위한 연구와 재교육이 요구됩니다. 우리 전통 교육의 방법, 한국 근대 교육의 선각자에게서도 대안교육의 시사점을 발견할 수 있을 겁니다.

신자유주의적 세계화 교육의 영향으로 대안교육이 제약을 받거나 약화되는 상황이고, 아울러 신냉전 체제에도 새로이 대처해야 하는 과제를 안게 되었습니다. 이러한 면에서 보면 대안교육의 과제는 사회의 변화에 따라 새로이 제기될 것입니다. 현재의 코로나 팬데믹 상황에 대한 근원적 성찰도 대안학교의 생태적 과제를 근본적으로 제기하는 계기로 작용하고 있습니다.

그리고 대안학교는 학업성취도 문제를 외면하는 경향이 있다는 일부의 비판이 있듯이, 능동적 관점에서 새로운 학습관을 가질 필요가 있습니다. 지나치게 경쟁 지향적인 학업성취는 위험하지만, 새로운 사회의 도래를 위한 학문적 학업성취는 필수적입니다.

대안학교가 외적으로 공교육의 변화, 즉 혁신학교의 도입으로 인해 약화되는 경향이 있는데, 이것은 염려할 일이 아닙니다. 대안학교의 필요성을 혁신학교를 통해 상당 부분 해소할 수 있기 때문입니다. 다만 실제로 혁신학교가 교육 내용상 대안학교를 전적으로 대치할 수 있는가라는 물음은 여전히 남습니다. 혁신학교는 기존의 체제 중 일부를 바꾸어 낸 것으로서 대안학교가 의도하는 교육의 폭과 깊이 전체를 담보해 내기에는 어려운 점이 있기 때문입니다. 대안학교 태동 초기에는 공교육에 대한 반-명제로 시작되었으나, 그 전개 과정에서 양자 간의 협력이 상호 존재를 의미 있고 풍부하게 한다는 점이 밝혀졌기 때문입니다. 이러한 협력 구조는 진보적 입장을 취하는 교육청에서 부분적으로 구현되고는 있으나, 중앙정부 차원에서의 입법과 지원이 필요해 보입니다. 현시점에서 필요한 대안학교를 국가교육제도의 특정한 조건하에 안착시켜 공교육체제와의 협력 구조를 정립시켜야 합니다.

김태정 토론회에서 나온 이야기들의 공통점 중 하나가 대안교육과 마을교육이 매우 닮아 있다는 것입니다. 어찌 보면 마을교육이 대안교육이고 대안교육이 마을교육처럼 보입니다. 상주중학교의 사례도 그러하고 대안교육연대의 제안도 결국은 대안학교가 지역사회와 어떻게 소통하고 뿌리내리는지가 매우 중요해 보입니다. 대안교육과 마을교육공동체는 어떤 상관성이 있다고 보시나요?

심성보 마을교육공동체운동이 활발해지면서 대안학교가 새로이 조명을 받는 것 같습니다. 혁신학교가 공교육의 대안학교이듯, 마을교육공동체가 지향하는 마을학교도 대안학교의 새로운 모델로 부상하고 있습니다. 물론 다양한 모습을 띠는 마을학교운동은 진행 중입니다. 마을학교운동은 삶이 곧 교육이고, 생활이 교육임을 지향합니다. 대안교육은 교육의 본질을 회복하는 운동임을 분명히 해야 합니다. 대안교육은 공교육의 보완재도 대체재도 아닙니다. 마을교육공동체운동의 활성화는 혁신학교뿐 아니라 대안학교의 정체성 형성이나 위상에 영향을 미치고 있습니다. 대안학교는 기본적으로 시대정신에 민감해야 합니다.

이러한 조건에서 농어촌 지역의 폐교 직전의 학교나 벌써 폐교된 학교를 대안학교로 전환하여 '돌아오는 농촌, 다시 사는 마을학교'의 비전을 가져야 합니다. 공룡처럼 커지고 있는 도시의 큰 학교들은 작은 학교로 나눌 필요가 있습니다. 여태전 교장 선생님 말씀대로 "대안교육은 공교육(제도교육) 혁신을 이끄는 선도재 역할"을 해야 합니다. 그래야 대안교육은 미래교육을 이끄는 희망이 될 것입니다. 앞으로 대안학교의 질적인 성장은 새로운 패러다임과 교육철학을 갖춘 '준비된 교사'를 얼마나 많이 길러 내느냐에 달려 있습니다.

시민의 손으로 만드는 한국 교육 대전환 7차 순회토론회(2022년 1월 28일) 인사말

대안교육 활성화 방안을 위하여

심성보

근대 학교 100여 년의 역사는 한강의 기적을 이룰 정도로 산업화의 성공을 거두었습니다. 하지만 소모적 경쟁은 아이들의 생명과 행복을 파괴하고 말았습니다. 학교와 세상이 높은 담장으로 나뉘어 있는 것처럼 보여도 경쟁의 논리가 지배하는 근대 학교는 사실상 온실이 아니었습니다. 한마디로 피 말리는 적자생존의 정글이나 다름없게 되었습니다. 그것이 오늘날 대학서열체제 타파 운동으로 발전하고 있습니다.

새로운 길로서 공교육의 개혁운동이 제도교육 안팎에서 크게 일어나고 있습니다. 제도교육 밖의 대안학교운동이 학교 안에 영향을 미쳐 학교 안의 대안교육, 즉 혁신학교운동으로 나타났습니다. 최근 활발하게 일어난 혁신학교운동은 이제 지역사회의 마을교육공동체운동과 마을학교운동으로 발전되고 있습니다.

다른 한편으로 제도교육 안의 혁신학교운동은 국가교육체제 또는 공교육체제 안에 있기에 그 한계가 불가피한데, 교수·학습 방법의 혁신에 머

물러 있기에 제도교육 밖의 대안교육운동이 더욱 활성화되어야 한다는 목소리도 적지 않습니다. 대안교육운동은 근원적으로 새로운 사회를 건설하고자 하는 새로운 이념과 가치를 요구하고 있기 때문입니다.

우리 사회는 지금 경제적 불평등 극복, 기후위기 극복, 저출산 극복 등 전환 시대의 최대 화두를 마주하고 있습니다. 대안교육 논의는 바로 이런 문제에 응답해야 할 것입니다. 대안교육운동은 우리 사회가 나아가야 할 미래를 준비하는 활동이기 때문입니다. 대안교육의 필요성과 중요성은 바로 여기서 대두되고 있습니다.

교육의 역사는 인간의 역사입니다. 인간은 오랫동안 다음과 같이 교육과 학교의 상반된 가치를 표명해 왔습니다. 한편으로는 '좋은 교육'이 삶의 모든 측면, 즉 지적, 도덕적, 육체적, 사회적, 직업적, 미적, 영적, 그리고 시민적 삶의 측면에서 좋은 사람을 길러야 한다고 생각합니다. 다른 한편으로는 학교가 교육을 받은 사람들 사이에 종종 공포, 지루함, 억압감, 그리고 무능력감을 유발한다고 생각합니다. 이렇게 교육의 역사에서 밝은 면과 어두운 면을 동시에 보이는 데 비해 대안교육은 전자의 기능이 현격하게 줄어들고, 반면 후자의 기능은 현격하게 증대하고 있습니다. 그래서 대안교육에 대한 관심이 늘어나는 것과 함께 대안학교의 향방 또는 정체성 확립 논의도 점점 커지고 있습니다.

이러한 가운데 대안교육의 새로운 담론이 제기되고 있습니다. 대안교육은 배움과 성찰에 목이 마른 사람들이 만들어 가는 삶의 학교이고 행복학교입니다. 이대로 살아가기에는 우리 아이들이나 학부모들에게 인생이 너무나 짧고 소중합니다. 이제 새로운 대안의 길을 찾아야 합니다. 길은 만들면 되는 것입니다. 사회의 구조악을 만든 것도 사람이고, 그 구조악을 뛰어넘는 것도 사람입니다.

무한경쟁으로 치닫는 교육을 협력하는 연대 교육으로 바꿔야 합니다. 생명을 죽이는 기술공학적 교육을 생명을 살리는 상생 교육으로 바꿔야 합니다. 차가운 학교를 따뜻한 학교로 바꿔야 합니다. 부조리한 학교를 정의로운 학교로 바꿔야 합니다. 자연과 이웃과 더불어 지속가능하고 좋은 삶을 살 수 있는 능력을 길러 주는 학교로 바꿔야 합니다. 물론 이는 차가운 가정을 따뜻한 가정으로 만드는 일, 그리고 무거운 공동체를 가벼운 공동체로 만드는 일과 조응되어 추진되어야 시너지가 나올 것입니다. 그러므로 근원적으로 인간성과 공동체성을 상실하게 한 학교교육을 개편해야 합니다.

De-schooling(탈학교화), Home-schooling(가정의 학교교육), 그리고 Un-schooling(제도교육이 없는 것, 즉 자신의 교육을 스스로 책임지는 것)이나 Re-schooling(학교의 리모델링)이 등장하고 있습니다. 학교의 리모델링이 제도교육의 혁신학교운동이라고 한다면, 오늘의 대안학교운동은 학교 밖의 탈학교화, 가정의 학교교육, 그리고 제도교육이 없는 언스쿨링 사이에서 상호 견제하는 담론이 전개되고 있습니다. 새로이 등장한 언스쿨링 운동은 스스로 학습하는 자연스러운 학습, 즉 삶/일상생활로부터의 학습(life learning)입니다. 언스쿨링 운동은 루소의 소극적 교육과 자연교육 또는 일리치의 탈학교론과 공생교육 논의와 상당히 닮았습니다. 이렇게 대안교육의 이념은 복잡하게 얽혀 전개되고 있습니다.

작년에 대안교육 관련 법이 제정되었으나, 여전히 많은 과제가 노정되고 있습니다. 이에 공론의 장을 마련하였습니다. 현장에서 활동하는 분들의 목소리를 중심에 놓고 토론회를 준비하였습니다.

오늘의 토론회를 통해 자율과 공생을 지향하는 우리나라 대안교육 운동이 지난 20여 년 동안 무엇을 잘했고 무엇을 놓쳤는지 그 공과를 짚어 보고, 앞으로 교육의 변화에 어떤 기여를 할 수 있을지 함께 숙고하는 장이 되기를 고대합니다.

보론

2022 한국 교육 대전환 선언

마을교육공동체운동으로 한국 교육 대전환을 이루자!

<보론 1>

2022 한국 교육 대전환 선언

한국 교육은 큰 딜레마에 빠져 있다. 한편으로 전 세계적으로 탁월한 성과를 내면서도 국가 발전에 기여를 해 왔다는 찬사를 받고 있는가 하면, 다른 한편으로는 지속가능하지 않은 국가적 비전의 원인이 질 낮은 교육 때문이며, 급진적인 교육의 변화 없이 한국 사회의 미래는 불가능하다는 혹평을 듣고 있기 때문이다. 아무리 보기 좋은 성과로 치장된 숫자라도 한국 사회의 어느 구석을 가더라도, 교육은 곧 극한의 경쟁과 이를 위한 사적 자원을 투입하는 문제로 읽히고, 이 과정에서 실패한 사람들은 곧 살 만한 가치조차 잃어버린 실패자로 낙인찍힌다.

한국 사회의 한국적 문제로서 우리 사회의 교육은 한마디로 큰 위기 상황에 봉착해 있다. 아이들은 자기 삶을 박탈당한 채 지식을 머릿속에 욱여넣는 일방향적 배움에 매달린다. 청년 세대들은 성공과 실패가 곧 성적으로 판단되는 사회적 선별 과정에서 성공한 사람은 엘리트로, 실패한 사람은 사회의 밑바닥으로 일찌감치 구분되어 버린다. 배움의 길에 들어서고 얼마 되지 않아 수학을 포기하고, 영어를 포기하고, 국어를 포기했던 아이들은 나이 들어 연애를 포기하고, 결혼을 포기하고, 출산을 포기하는 삼포 세대로, 더 나아가 인간관계, 내집마련, 취업, 그리고 삶의 희망마저 포기하는 칠포 세대가 되어 버린다. 누군가의 욕망을 채우는 수단으로 작동해 온 한국 사회의 교육열은 소수의 잘난 엘리트들에게 경제적 특권과 정치적 권한마저 몰아주는 사회구조를 재생산해 내면서, 교육의 변화와 변혁을 갈망하는 뭇 시민들의 교육다운 교육에 대한 희망은 좌절을 반복해 경험해 왔다.

오늘 우리는 2022년 한국 교육의 대전환을 기대하는 마음으로 다시 한번 희망의 끈을 동여매고자 한자리에 모였다. 이 자리에서 우리는 행복한 교육에 대한 꿈을 다시 내놓고 그 꿈의 실현을 위해 내달리려 한다. 한국 교육의 대전환과 대변혁을 요구하는 목소리는 교육을 욕망의 수단이자 대상으로 삼았던 사람들에게서 나오지 않는다. 이런 목소리는, 교육이 교육다워야 한다고, 교육이 삶의 행복을 수놓는 중요한 과정이자 곧 다음에 이어질 배움의 첫 단추가 되어야 한다고 믿는 평범하고 일상적인 우리 시민들의 삶에 녹아 있다. 바로 여러분 한 명 한 명의 삶과 경험이 만들어 내는 거센 변화의 요구가 2022년 한국 교육의 대전환을 열어 갈 큰 주춧돌이 될 것이다.

우리는 한국 교육의 대전환을 기치로 내걸고 교육이 중심이 된 한국 사회의 변화, 거대한 전환을 이루어야 한다고 믿는다. 경제적인 이해관계가, 정치적인 속임수가, 이념적인 지형이, 지역적 증오의 문화가, 다양성이 무시되는 문화적 보수성이 교육의 교육다움을 방해해서는 안 된다고 외친다. 태어나서 죽을 때까지 평생에 걸친 한 인간의 삶이 배움을 즐겁게 누리고, 배움이 또 다른 배움을 위한 삶의 과정이 될 수 있도록 만들어야 한다고,

국가가 국민들을 향해 짊어져야 할 가장 중요한 책무라고 목소리 높여 주장한다. 교육이 누군가, 그리고 무엇인가를 위한 수단이기를 그치고, 오로지 한 인간의 행복한 삶의 여정을 돕고 함께하는 동반자가 될 수 있도록 해야 한다고 강력히 요구한다. 교육이 교육답지 못했던 지금까지의 관행을 바꾸어야 한다고 우리 각자의 마음을 다잡는다.

이를 위해 오늘 모인 우리는 2022년 한국 교육의 대전환이 만들어 갈 행복한 교육을 꿈꾸며, 다음과 같이 선언한다.

하나. 2022년 한국 교육 대전환으로 영유아에게 차별 없는 양질의 교육과 보육을 제공하고, 영유아의 안녕과 행복을 보장한다. 이를 위해 공정하고, 평등하며, 격차 없는 영유아 보육 및 교육을 위한 완전한 무상보육과 무상교육을 실현한다. 유치원과 어린이집 부모 부담 비용을 완전 무상으로 전환하여 부모 양육비를 경감하고, 영유아의 심리적·신체적 안전을 제공하는 안전망 기초선 제공으로 부모의 양육 불안감을 해소하며, 단계적으로 유치원과 어린이집을 통합한다.

하나. 2022년 한국 교육 대전환으로 배움과 성장의 기초를 다지는 초등교육 지원 체제를 구축한다. 출발선은 달라도 배움은 다를 수 없다. 이를 위해 배움에 임하는 학습자 지원 시스템과 발달 중심 맞춤형 교육을 실현하고, 학부모 참여 의무화와 커뮤니티 지원 체제를 구축하며, 교원 직무표준 법제화 및 승진 체제 개편, 그리고 여러 위험과 학교폭력으로부터 안전한 학교 공간을 마련한다.

하나. 2022년 한국 교육 대전환으로 중등학교 학생들의 참여와 자치를 보장하고 삶의 기본을 지켜 주는 미래지향적 공동체를 만든다. 학교는 좋은 시민을 길러 내는 장이어야 한다. 이를 위해 학급당 학생 수 20명 이내로 감축, 미래형 교육과정을 바탕으로 한 학교체제 전환, 민주학교 및 자치학교를 통한 학교자치 실현, 그리고 마을결합형 학교운영위원회를 활성화한다. 무엇보다 현실이 된 디지털 기술의 교수학습 연계를 강화한다.

하나. 2022년 한국 교육 대전환으로 공유성장형 대학연합체제를 마련한다. 협력과 협업의 가치가 키워드인 대전환 시대에 대학체제는 대학 간 연계협력을 통해 미래 인재 양성과 미래 가치 및 지식을 생산하는 핵심 기제로 자리매김해야 한다. 이를 위해 분야별 국립대 연합체제를 완성하고, 건전한 사립대 중심으로 연계하는 사립대 연합체제 구축, 궁극적으로 국공립대와 사립대가 상호 연계하는 새로운 대학체제를 구축한다. 그리고 국가가 책임지고 대학 재정을 안정적으로 지원하고, 대학의 자율 혁신 역량을 지향하는 선지원 후평가 방식의 대학 진단 체제로 개편한다.

하나. 2022년 한국 교육 대전환으로 보충적 사회교육을 넘어 보편적 평생학습의 시대를 연다. 이를 위해 생애단계별 평생학습 지원 체제를 마련하고, 전 국민의 역량 성장을 위한 전환교육 및 품위 있는 삶을 위한 공적 시민교육 지원을 확대해 나간다. 무엇보다 평생교육 예산의 확충과 전담기관 설치, 전문 인력을 보강함으로써, 모든 국민의 학습권 보장을 위한 공적 체제를 완비해 평생학습 시대의 국가의 책임을 다한다.

하나. 2022년 한국 교육 대전환으로 학교와 마을이 함께 아동·청소년의 성장과 발달을 지원하는 미래교육을 실현한다. 마을교육공동체는 교육과 사회를 바꾸는 장이다. 이를 위해 주민자치와 교육자치의 결합으로 교육생태계를 조성하고, 협치에 기반하여 마을연계 교육과정, 마을학교를 확대, 활성화한다. 또한 지속가능한 마을교육활동을 담보하고자 활동가 기본소득제를 도입한다.

우리는 기후위기와 생태적 비상사태가 초래한 전 지구적 위기 상황에 처해 있다. 다음 세대의 온전한 삶을 담보하기 어려운 절체절명의 도전적 문제에 직면해 있다. 한국 사회는 당장 사회적으로 정의롭고 지속가능한 미래 문명, 생태적 문명을 준비하는 대안적 교육체제를 마련해야 한다. 교육적, 민주적, 사회적으로 정의를 향한 교육혁명으로 나아가야 한다.

교육이 중심에 자리한 새로운 교육정치를 위해 권력과 시민사회, 두 영역의 '이중적 민주화'를 이뤄야 한다. 여기 이 자리에 함께한 우리 모두는 한국 사회의 지속가능한 삶, 정의롭고 민주적인 삶, 미래 문명을 위한 대안적 삶을 위한 교육 대전환을 위해 쉼 없는 실천을 약속한다. 그리고 이 길만이 더 나은 교육, 더 나은 삶, 더 나은 대한민국을 창조할 것이라 믿는다.

2021년 8월 21일

한국교육개혁전략포럼 참여자 일동

<보론 2>

마을교육공동체운동으로 한국 교육 대전환을 이루자!

각자도생이 아닌 공유와 상생, 경쟁이 아닌 협력을 통한 미래교육을!

신자유주의 교육시장화가 한국 사회를 잠식하기 시작하면서, 동시에 학력이 문화자본으로 기능하는 경향이 커지면서 교육을 통한 부의 세습과 가난의 대물림 현상이 고착화되고 있다. 한마디로 더 이상 '개천에서 용이 나지 않는 세상'이 되었다.

또한 반복되는 시험을 통해 줄 세움을 당하고, 경쟁을 계속 강요받으면서, 성적에 따라 교실에서부터 차별적인 대우를 받아 왔던 학생들은 성적이 나쁜 경우 스스로 차별받는 것을 당연시한다. 이에 반해 성적이 높은 학생들은 자신보다 성적이 낮은 학생들을 차별하는 것을 당연시한다. 이렇게 성장한 학생들은 성인이 된 이후에도 차별을 찬성하는 경향을 보인다.

그렇다면 우리에게 희망이 없을까? 결코 그렇지 않다. 우리는 다양한 설문조사에서 '정규직과 비정규직의 임금격차 등 차별이 공정하지 않다'고 답변한 청년들이 여전히 절반에 가깝다는 점을 주목해야 한다. 더욱 중요한 것은 아동·청소년의 성장과 발달이 단지 학교 안에서만 이루어지지 않으며, 삶을 살아가는 데 필요한 역량이 경쟁이 아닌 협력을 통해 형성될 수 있다는 것이 전 세계적으로는 물론 한국에서도 확인되고 있다는 점이다.

우선, 2018년에 발표된 〈OECD 교육 2030〉에서는 학생들이 더 나은 삶을 위해 사회를 변혁하고 미래를 만들어 가는 데 필요한 지식, 기능, 태도 및 가치들을 포함한 것을 변혁적 역량(Transformative Competencies)으로 정의하고 있다. 또한 협력적 주체성(co-agency)은 학부모, 교사, 지역사회가 서로 간에 상호작용하고 상호 지원하는 관계에서 형성되며, 학생만이 아니라 교사, 학부모, 지역사회 등 모든 사람을 학습자로 간주하고 있다.

다음으로, 2021년 11월에 발표된 유네스코의 〈교육을 위한 새로운 사회계약〉 보고서에서는 교육을 공공재(public good)에서 공유재(common good)로 규정하고 있다. 교육의 목표는 개인적 성공이나 기업의 이익을 위한 것이 아니라 "집단적 노력을 중심으로 우리를 통합하고, 사회, 경제 및 환경 정의에 기반을 둔 모든 사람을 위한 지속가능한 미래를 형성하는 데 필요한 지식, 과학 및 혁신을 제공하는 것을 목표"로 해야 한다고 제안하고 있다. 또한 '연대와 협력을 촉진하는 교육'을 강조하며, 학습의 강력한 동기는 상호 신뢰성과 상호 관련성에 근거하는 것이며, 이를 위해 '교사 간 협력 구조'와 '교사, 학교와 지역사회와의 연결'을 특별히 강조하고 있다.

마지막으로, 마을교육공동체운동이 확대되고 있다. 이제 교육은 학교라는 제도의 울타리에만 갇히지 않고, 일상의 시·공간인 마을에서 연대하고 협력하는 삶을 배우고 역량을 기르는 마을교육공동체운동으로 교육 패러다임이 근본적으로 변하고 있다. 이미 전국적으로 교육청-기초지방자치단체-시민들이 협력하여 학교와 마을이 함께 마을교육공동체를 조성하는 혁신교육지구사업이 전개되고 있다. 전국의 226개 기초지방자치단체 중 무려 201개 기초지방자치단체가 이에 함께하고 있다. 마을이 배움의 주제가 되고, 마을 사람들과 기관들이 학교와 협력하여 교육과정을 함께 운영하고, 아동·청소년이 마을의 구성원으로 지역사회에 관심을 가지고 참여하면서 민주시민으로 성장하고 있다. 이 과정에서 학생들은 상호 소통하고, 협력하고 연대하면서 문제를 함께 해결하는 공동체적 역량을 기르고 있다.

이에 우리는 마을교육공동체운동으로 각자도생이 아닌 공유와 상생, 경쟁이 아닌 협력을 통한 미래교육으로 한국 사회 대전환을 이루고자 한다.

마을교육공동체 활성화를 위한 사회적 협약을 제안한다!

첫째, 마을교육공동체 활성화를 위한 독립법안 제정 혹은 관련 법을 개정하자!

일반자치와 교육자치의 협력에 기초하는 마을교육공동체 활성화를 위해, 법안의 제정 혹은 지방교육자치법, 학교복합시설의 설치 및 운영·관리에 관한 법, 초·중등교육법, 소득세법, 교육공무원 임용령, 지방자치단체의 교육경비 보조에 관한 규정 등을 개정해야 한다.

둘째, 읍·면·동마다 청소년들을 위한 교육문화공간, 평생교육센터, 학교와 마을이 함께하는 마을교육문화복합공간을 설치·운영하자!

국가와 지방자치단체는 청소년활동진흥법과 평생교육법에 따라, 읍·면·동마다 1개소 이상의 청소년문화의집을 설립해야 하고, 평생교육센터를 설립해야 한다. 한편, 학교를 포함한 지역사회의 유휴 공간을 찾아, 이를 활용하여 마을교육문화복합공간들을 창출해야 한다.

셋째, 읍·면·동마다 마을교육자치회를 만들자!

기초적인 생활권역인 읍·면·동에서부터 행정책임자, 학교장, 주민대표(주민자치회장) 등이 참여하는 업무협약을 통해 마을교육자치회를 결성하여, 학교와 마을의 일상적인 협력의 교육협력체계를 구축하고, 주민교육자치를 실현해야 한다.

넷째, 마을교육공동체 지원센터(중간지원조직)를 설립하자!

마을교육공동체가 지속가능한 발전을 이루기 위해서는 민간이 참여하고 주도하는 중간지원조직이 설치되어 운영되는 것이 매우 중요하다. 기초지방자치단체별로 두는 것을 기본으로 하되, 인구수가 많은 경우 일정한 방식으로 권역을 나누어 복수의 센터를 두어야 한다.

다섯째, 마을교육활동가 기본소득제를 도입하자!

마을교육활동가들의 수고를 존중해야 한다. 마을교육활동은 '비물질 노동'으로 재화와 용역을 제공하는 전통적인 노동으로 볼 수 없으나, 상당한 노력과 시간을 투여하는 사회적 노동이다. 읍·면·동을 기본으로 하여 마을교육활동가를 선발하고, 기본소득제를 도입하여 마을교육공동체를 더욱 활성화해야 한다.

여섯째, 교육지원청의 자율성을 확대하자!

교육지원청은 교육청 산하 조직으로 독립적인 권한이 없어, 기초지방자치단체의 협력에 많은 한계를 갖는다. 자치와 분권의 시대에 맞게 예산권, 인사권을 교육지원청으로 분산하고, 교육장을 임명직에서 선출직으로 전환해야 한다. 단계적으로는 공모제를 확대하고, 향후 학교운영위원들과 읍·면·동 마을교육자치회 구성원들이 참여하여 선출하는 방식 등을 도입할 수 있다.

일곱째, 교육협동조합(사회적협동조합)의 설립·운영 지원을 확대하자!

마을교육공동체가 지속가능하려면 공공성, 민주성, 시민성을 가진 시민들의 자발적인 결사체들이 늘어나야 한다. 마을교육공동체를 통해 사회적 가치를 실현하고 그 활동에 참여하는 사람들의 지속가능한 활동을 보장할 수 있도록, 마을을 기반으로 하는 교육협동조합에 대한 지원을 확대해야 한다.

특별기고

마 을 교 육 공 동 체 와 미래 학교의 다양한 모델 그리고 미래교육과의 연계

마을교육공동체와 미래 학교의 다양한 모델 그리고 미래교육과의 연계

심성보 부산교대 명예교수, 마을교육공동체포럼 상임대표

1. 학교의 제국화와 마을의 식민화
2. 지역사회의 조직화 운동과 생태적 교육의 요청
3. 마을교육공동체운동 출현과 새로운 사회의 태동
4. 마을교육공동체와 연동된 미래학교의 다양한 모델
   마을학교 모델/지식 주도 학교 모델/민주학교 모델/
   성장학교 모델/인문학교 모델/좋은 학교모델
5. 마을교육공동체와 미래교육의 연계
6. 지방자치단체와 교육청의 협치 강화를 위한 제언

1. 학교의 제국화와 마을의 식민화

근대 역사는 가히 '학교교육 혁명기'로 특징지을 수 있다. 개인의 능력에 따른 신분 상승의 시대가 열렸고, 합리적 중간계급이 출현하였으며, 계급들 사이의 문화적·관습적 차이가 줄어들기 시작하였다. 그런데 학교교육의 확대와 팽창은 교육의 기회균등을 도모하는 공교육의 이상을 구현하고자 했지만, 배반의 역사로 변해 갔다. 근대화의 물꼬를 튼 진보의 개척자로 여겨진 학교가 지금은 퇴보의 화신처럼 취급되고 있다. 근대 교육은 역사적으로 그 어두운 이면인 '식민성'을 감추어 왔고 다양한 주체들을 통제하는 식민성의 과정을 밟았다(Mignolo, 2018). 이렇게 모순된 두 개의 근대성은 '기술의 근대성'과 '해방의 근대성'으로 나타났다.

우리나라는 근대 산업화를 거치면서 압축 성장과 눈부신 경제 발전을 이뤄 냈다. 국가가 발전할수록 서울은 발전하여 소위 '한강의 기적'을 일궜지만, 마을과 지역은 한없이 쪼그라들었다. 개인이 출세하고 나라가 발전해도 마을은 쇠락하고, 지역은 황폐해졌다. 특히 아이에서 어른까지 사람들은 모두 수도권으로, 대도시로 나가면서 마을과 지역은 점차 쇠락하였다. 게다가 학교가 교육을 전담하면서 마을의 교육적 기능도 동시에 사라졌다. 그동안 마을은 변방의 가치였고, 중앙의 명문대 진출이 잠재적인 교육 목표로 자리 잡아 갔다. 그 결과 아이들은 지역에 남아 행복하게 살아가는 미래를 긍정적으로 생각하기가 어려워졌다.

결국 근대화와 산업화 과정에서 학교교육의 제국화 현상은 지역사회/마을의 식민화 현상을 초래하였다. 그래서 지금 학교교육이 식민화로부터 해방되기 위해 지역공동체교육운동(community school movement) 또는 '마을교육공동체운동'이 벌어지고 있다. 지역사회교육운동은 더욱 공평한 사회를 만들기 위해 불리한 처지에 있는 박탈된 개인 및 집단에게 비판적 지식을 제공하면서 사회의 불평등과 양극화에 도전하는 근본적 사회 변화를 시도하고 있다(Jarvis, 2010; Field, 2011). 지역공동체교육운동은 사회정의, 사회경제적 평등 및 참여민주주의에 대한 헌신을 핵심 가치로 하는 지역화에 초점을 둔 내용을 제공하는 사회정의 교육에 중심을 두고 있다(Johnson, 2014: 14). 관계적 위기를 해결할 방안으로 문화적·경제적·정치적 공간의 전환, 즉 '공간적 전환'을 꾀하는 지역공동체교육운동을 시도한다(심성보, 2018: 319).

그런데 학교에서 '국민을 키우는 교육'만이 일관되게 유지되는 한, 이러한 악순환을 멈출 수 없다. 따라서 학교교육의 악순환에서 벗어나기 위한 '마을교육공동체운동'이 더욱 요구되는 것이다. '국가 중심 교육'에서 '지역 중심 교육'으로 전환하고, '국민을 키우는 교육'에서 '지역의 시민을 키우는 교육'으로 변화되어야 한다. '지역 주민의 시민화'를 강조하는 것은 우리나라가 그동안 '국가의 국민'은 있되, '지역의 시민'은 없었기 때문이다. 따라서 민족국가 시대의 '국민을 키우는 교육'에서 '지역의 시민을 키우는 교육'으로 학교교육의 목표와 방향을 전환하여야 한다(추창훈, 2020: 83-84).

'마을공동체'는 공동체의 특성을 갖는 동시에 마을의 특성을 띤다. '공동체'는 경계/울타리를 갖고 있다. 서로 공통점(공동의 유사성)이 있으므로 다른 집단과 뚜렷이 구별되는 다름/다양성의 요소와 동시에 타자를 배제하는 억압적 성격도 지니고 있다. 그러므로 화이부동(和而不同)의 지향성을 가져야 한다.

최근 인류의 지혜가 고스란히 축적된 마을에 대한 폭넓은 연구를 진행하기 위한 종합적 학문으로서 '마을학(villiology)'과 '마을교육학'이 관심을 끌고 있다. '마을학'은 '마을교육학'의 발전을 촉진할 것이고, 마을교육의 이론과 실제는 마을교육공동체운동의 성장을 통해 발전할 것이다. 마을학과 마을교육학에 대한 관심은 마을의 재발견, 마을의 귀환, 마을의 호출 등의 표어와 함께 부상하고 있다. 최근 위기에 직면한 한국 교육계에 '마을교육공동체'라는 개념이 새로운 전략으로 제시되고 있는 상황에서, 혁신교육의 확산은 '공교육 개혁의 르네상스'라고 할 수 있다. 또한 마을교육공동체운동의 출현은 '지역사회운동의 르네상스'라고 불릴 만하다.

학생들과 지역사회와 원활한 연결망을 구축하고 기존의 학교 담장을 넘어서고자 '지역공동체 학교운동(community school movement)'이 일어났다. "공동체가 없는 교육이란 존재할 수 없다!", "학교는 고립된 섬이 아니다!"라고 주장하는 '장소 기반 지역공동체교육'은 경쟁이 아닌 협동을 중시하고, 지역성(특정의 장소가 지닌 고유의 역사, 환경, 문화, 경제, 문학, 예술)에 뿌리를 두고 있다(Gruenewald & Smith, 2010). 지역공동체교육은 다음과 같은 구체적 목표를 가지고 있다(Smith & Sobel, 2010).

- 지역공동체교육은 학교가 속한 지역사회와 지역 환경의 통합적 관계에 대해 포괄적으로 생각하는 방식이고, 마음의 틀이고 패러다임 전환이다.
- 지역공동체교육은 사회에서의 학교 역할에 대해 새롭게 생각하는 방식이다.

- 지역공동체교육은 비판적 교육학, 문제 기반 학습, 봉사학습, 구성주의, 그리고 다른 많은 교육 혁신은 물론이고 환경교육/생태교육에 큰 기여를 한다.[1)]
- 지역공동체교육은 언어 과목, 수학, 사회과, 과학 그리고 교육과정을 넘어선 여타 과목에서 개념을 가르치는 출발점으로서, 학생들이 살고 있는 모든 환경—자연적·사회적·문화적—의 이용을 포괄한다.
- 지역공동체교육의 역할은 자유로운 지역사회나 학교, 보수적 지역사회나 학교, 농촌뿐 아니라 도시가 잘 살아가도록 하는 것이다.

지역공동체교육운동은 책임 있는 시민, 참여하고 연대하는 시민, 비판적이고 정의로운 시민으로 자라나게 하는 공동체 구현을 이상으로 한다. 관계적 위기를 해결할 방안으로 문화적·경제적·정치적 공간의 전환을 꾀하는 지역공동체교육운동이 일어나고 있는 것이다.

2. 지역사회의 조직화 운동과 생태적 교육의 요청

오늘날 세계교육개혁의 새로운 방향으로서 제4의 길을 지향하는 지역공동체교육운동의 단초는 '지역사회 조직화운동(community organizing movement)'[2)]에서 시작될 수 있다(Hargreaves & Shirley, 2015: 150). 지역사회가 재조직되지 않으면, 우리가 바라는 교육은 출현하기 어렵다. 지역사회의 조직화가 실현된다면, 정치에서 소외되었던 지역 주민들의 새로운 시민적 역량을 북돋는 것이기에 지역의 권력 역학이 바뀔 것이다. 지역사회가 재조직되지 않으면, 우리가 바라는 지역사회교육[3]은 출현하기 어렵다.

최근 코로나 사태로 인한 생태적 문제의 발생으로 새롭게 마을이 호출되고 있다. 코로나 바이러스를 이겨 낼 수 있는 지속가능한 발전의 대안으로 '마을공동체(village community)'를 통한 생태교육학(eco-pedagogy)이 요청되고 있다. 기존 환경교육의 수정을 요구하는 '비판적 생태교육학(critical eco-pedagogy)'은 환경교육이 실효성을 가질 수 있도록 교과과정에 '환경정의' 또는 '생태정의'에 관한 이슈들을 포함시켜야 한다는 것이다(Kahn, 2010; Keller, 2010). 비판적 생태학이 인간의 사회적·환경적 정의와 지구의 지속가능성을 높이기 위한 행동으로 이어질 수 있는 학습을 촉진한다(Misiaszek, 2020). 지역사회 접근을 통한 생태교육은 개인과 지역사회가 사회와 자연의 상호작용 형태, 그리고 그것의 원인과 결과를 인식하고 이해함으로써 환경에 통합적이고 합리적인 방식으로 행동할 수 있는 형성적 과정을 중시한다(Rodriguez, Hernández & Martin, 2021: 16). 지역적 관점, 세계적 관점, 지구적 관점뿐만 아니라, 환경 문제의 사회적 측면을 이해하는 생태교육학은 환경정의 및 복지를 위한 지속적인 변화를 위한 조치를 결정하는 데 필수적이라고 할 수 있다.

---

1) 인문교육과 직업교육의 이분화를 극복하고자 하는 지역공동체교육은 학교교육, 사회교육, 성인교육, 시민교육, 환경교육, 일터교육, 상황교육 등 지역사회의 여러 정책과 다양한 실천 및 활동과 연계될 수 있다.

2) 지역사회 조직화운동은 첫째, 지역 주민의 필요와 기대를 존중하고 중시한다. 또 지역 주민의 자주성과 자발성을 촉진하고, 지역 발전 사업에 주민들이 적극 참여하게끔 분위기를 조성한다. 둘째, 지역의 사회적 자원을 개발하고, 이를 지역 발전에 활용한다. 셋째, 지역사회의 연대성과 공동성을 강조하고, 지역사회의 조직화와 통합화를 추진한다.

3) 지역사회교육운동은 인문교육과 직업교육의 이분화를 극복한다. 지역사회교육운동은 학교교육, 사회교육, 성인교육, 시민교육, 환경교육, 일터교육, 상황교육 등 사회문화의 여러 정책과 연계되고, 다양한 실천과 활동을 벌일 수 있다.

코로나19는 역설적으로 하늘의 경고인 셈이다. 그러므로 산업사회 문명을 생태사회 문명으로 전환해야 한다는 지구적 명령으로 받아들여야 한다. 코로나 사태로 인해 지역과 마을의 협력이 어려워진 측면이 있지만, '넘나들며 배우기'[4]라는 시대정신을 우리 학교의 교육과정과 프로그램에 접목해 나가야 한다.

3. 마을교육공동체 출현과 새로운 사회의 태동

우리나라의 '마을공동체교육운동'은 1999년 말 교실 및 학교 붕괴 현상에 따른 공교육의 위기를 해결하기 위한 방안으로 담론화되기 시작하였다. 또한 교육계의 갈등이 심화되면서 이를 해소하려는 방안으로 나타난 학교교육의 '교육공동체운동'에서 비롯되었다. 당시 교육계와 학교에서 광범위하게 제기되었던 이러한 문제들은 '공동체성의 회복'이 시급함을 시사하였다. 전통적으로 '교육공동체'는 '학교 구성원의 공동체'를 말하는 것으로 제한적으로 사용되었다. 학교라는 공간에 한정하여 교사와 학생, 학부모의 관계를 중심으로 하는 경향이 주류를 이루었던 '학교 중심의 공동체'라고 할 수 있다.

그러다가 마을 만들기의 흐름 속에서 학교를 넘어서는 마을교육공동체 운동이 출현하였다. 마을교육공동체의 출발에는 '마을공동체'가 자리한 것이다. 학교의 혁신, 즉 혁신학교운동은 마을의 혁신, 즉 새로운 마을 만들기 운동으로 이어졌다. 새로운 마을의 탄생 없이는 학교혁신이 불가능하다는 자각이 일어났다. 시대의 변화에 따라 전통적 마을의 개념이 공동체[5] 개념으로 확장되고, 다시 마을과 공동체의 소멸에 따라 모두가 함께 살아가기 위한 노력으로 '마을교육공동체'가 등장하였다. 마을, 교육, 공동체가 결합된 마을교육공동체운동은 도시에서는 주거권 확보를 위한 운동과 생활문화 운동과 함께, 농촌에서는 생산에 기반을 둔 '마을 만들기'와 함께 전개되고 있다.

마을은 사실 근대에 진입해 학교가 교육을 독점하기 전까지는 삶터/'일터', '배움터'와 '놀이터', '쉼터'가 공존하던 장소였다. 마을공동체에서는 사람들의 삶, 배움, 일, 쉼이 함께 어우러졌다. 마을교육공동체의 실천적 의미는 온 마을이 아이들을 함께 키우는 것, 마을이 아이들의 교육의 장/아이들의 배움터가 되는 것, 마을의 주민을 시민으로 성장시키는 것, 마을을 자치의 공간으로 만드는 것이다(이인회, 2020: 251-253).

마을교육공동체운동은 학교를 중심으로 마을을 만들어 가는 것이다. 마을에서는 축제, 동네 아이들의 배움, 지역의 만남과 나눔, 사람, 자연 등 모든 것들이 이야깃거리가 될 수 있다. 마을이라는 시간과 공간, 인간들의 묶음을 통해 풍성한 이야깃거리를 만드는 것이다. 마을교육공동체는 마을

4) 엘리엇 워서와 찰스 모즈카우스키의 저서 『넘나들며 배우기』(2014)는 일방적인 교수법에 바탕을 둔 전통적 학습 방식과 평가로는 학생들이 역량을 갖추도록 도울 수 없다고 주장한다. 삶과 동떨어지지 않은 학습을 위해서는 학교 안과 밖에서의 학습이 봉제선 없이 통합되어야 한다. 맥도날드식이 아니라 저마다의 색깔을 지닌 중국 음식점들처럼 세계 곳곳에 '넘나들며 배우기'라는 배움의 원리에 근거해야 한다. 학생과 통하는 학교, 지역과 통하는 학교 만들기를 주창한다.

5) 'community'는 주로 '공동체', '지역사회', '공동사회'로 번역되고 있다. 공동의(common), 의사소통(communication), 교감(communion)의 어원적 뜻을 지닌 '공동체'를 만들려는 인류의 염원은 역사적 뿌리가 깊다. 세계 어디에서나 인류가 지향하는 최종 목표는 공동체 사회를 건설하여 자유롭고 평등한 생활세계에서 인간을 최대로 실현하는 것이었다. 공동체의 이상은 근본적으로 현대 사회가 무너뜨린 친밀한 세계에 대한 향수에 기반을 두고 있다. 그런데 공동체를 파괴시킨 근대 사회는 극단적 개인주의를 낳았고, 학교는 지역사회의 남남이 되어 버렸다. 이를 극복하고자 하는 이념이 '공동체주의(communitarianism)' 담론이다.

교사, 학교교사, 청소년, 학부모를 중심으로 활성화되고 있다. 아이들의 교육에 대한 자발적 관심으로 교육공동체가 형성되고, 개인과 지역사회에 긍정적인 변화를 일으키고 있다.

2009년에 경기도에서 처음 펼쳐진 혁신교육은 크게 '혁신학교', '혁신교육지구', '마을교육공동체'의 세 가지 형태로 전개되고 있다.

혁신교육의 주요 흐름 및 특징

구분	작은 학교[6]	혁신학교[7]	혁신교육지구[8]	마을교육공동체[9]
시기	2000년대 초반	2009년	2011년	2015년
주체	헌신적인 일부 교사	진보 교육감 /시도교육청, 자발적인 교사	교육지원청과 자자체 등 행정기관	교육 및 일반 공무원, 학부모 및 지역 주민
내용	학교에 대한 성찰, 교육의 본질 회복 시도	민주적인 학교 운영, 성장을 지원하는 수업	기초지자체 단위 혁신교육 추진	학교와 마을의 협업, 교육의 장을 '학교 밖'으로 넓힘
의의	혁신교육의 씨앗	제도권 내에서 최초 혁신교육 시도	지자체가 '학교의 교육과정'을 지원	마을 등 민간이 교육 주체로 참여

(추창훈, 2020: 46)

마을공동체교육운동은 학교 중심의 공동체운동을 넘어서는 지역사회운동을 지향하고 있다. 마을교육공동체운동은 '학교 안의 혁신운동'을 넘어 '학교 밖의 혁신운동', 즉 지역사회운동과 연계되는 방향으로 나아가야 한다. 혁신교육지구의 큰 틀 속에서 학교와 마을의 협력 방안이 도출되어야 한다. 앎과 삶을 연결할 수 있는 내용을 함께 협의하고 만들어 가는 체계적인 협의 구조를 구축해야 한다. 그렇게 해야 마을의 교육력을 강화할 수 있다. 학교와 마을이 함께 협의할 수 있는 '마을교육자치회'[10]를 구축하고, 이를 혁신교육지구에서 지원해 나가야 한다.

마을교육공동체운동이 등장하게 된 배경은 기본적으로 마을공동체와 교육공동체, 그리고 지역사회와 평생학습도시라는 서로 다른 이론적·실천적 흐름이 만나 발전된 것이다. 여기에서 '마을교육공동체'의 개념은 마을을 기반으로 학교와 마을의 구성원, 교육공동체들이 협력적 네트워크를 형성하여 형식 교육, 무형식 교육, 그리고 비형식 교육으로 연대함으로써 마을의 공동체적 자치와 행복을 추구하는 교육생태계라고 할 수 있다(이인회,

6) 대안교육운동의 시작을 알리는 '작은 학교'의 출발은 남한산초등학교 등으로부터 시작되었다. 남한산초 사례와 같은 대안교육운동이 의미 있는 변화로 인식되기 시작하면서 진보 교육감이 당선된 시도교육청이 일부 학교에 행정적·재정적·인사적 지원을 했고, 그렇게 혁신학교가 시작되었다.

7) '혁신학교'는 일종의 실험학교요, 모델 학교이다. 혁신학교는 대체로 소규모 학교, 초·중등학교, 교육환경이 열악한 농산어촌 학교를 중심으로 운영되었다. 혁신학교가 학교(교원) 중심이라면, 혁신교육지구는 교육(지원)청과 지자체라는 양대 기관 중심의 정책이다.

8) '혁신교육지구'는 교육(지원)청과 지자체가 협약을 체결하고 일정한 예산을 확보하여 지역 단위 혁신교육 정책을 추진하는 것을 목적으로 한다. 아울러 시·도에 따라 조금씩 다르기는 하지만 조례를 제정하거나 행정, 인사, 시설과 공간 등을 다양한 방식으로 지원하기도 한다. 혁신교육지구는 경기도에서 맨 처음 사용된 용어지만, 지금은 지역에 따라 교육협력지구(전북), 서울형혁신교육지구(서울), 교육혁신지구(인천), 행복교육지구(충남, 충북, 강원), 다행복교육지구(부산), 대구미래교육지구(대구), 미래교육지구(경북), 서로나눔교육지구(울산), 행복이음혁신교육지구(대전) 등으로 다양하게 명명되고 있다.

9) '마을교육공동체'란 "마을 내 학생, 교직원, 학부모, 마을 주민 등이 함께 학생의 교육활동 지원을 위해 자발적으로 참여하는 공동체(경기도교육청)", "학교 교육력 제고와 지역사회 발전을 위하여 지방자치단체, 학교, 시민단체, 주민 등이 협력·지원·연대하는 공동체(광주시교육청)", "학교와 마을이 아이들을 함께 키우고 마을이 아이들의 배움터가 되도록 학교와 마을, 교육청과 지방자치단체, 그리고 학부모와 시민사회가 협력하고 연대하는 교육생태계(세종시)"이다. 여기에서 학생, 교직원, 학부모, 지역 주민이라는 자연인 주체와 함께 학교, 지방자치단체, 시민사회라는 조직으로서의 주체가 모두 거론되고 있다(양병찬, 2019: 343).

10) '마을교육 거버넌스'를 위해 '주민자치회'와 효과적으로 결합할 수 있다. 경기도 시흥시는 10년 이상 쌓아 온 혁신학교 등 마을교육공동체운동과 마을 기반 평생학습 등을 밑거름 삼아 '마을교육자치회'를 시도하며, 미래교육에 한 발 더 나아가고 있다. 마을교육자치회라는 용어는 제도적, 학술적으로 명확하게 정립돼 있지는 않다. 행정안전부에서 추진하는 '주민자치회'로 가는 과도기적 상황과 운동적 성격이 중첩돼 있다. 주민자치회 내에 교육 분과를 설치할 수 있다. 상시적 협의 체제를 갖추지 못한 '마을교육자치회'일 경우 주민자치회의 연계를 통해 지역교육에 대한 상시적 논의구조를 만들 필요가 있다. 마을교육자치회가 모이면 시군교육자치회가 될 것이다.

2020: 247). 마을교육공동체운동은 궁극적으로 학교에서만이 아니라, 온 마을이 힘을 합쳐 아이들을 잘 키워 행복하게 살아가도록 돕는 것이다. 이런 과정이 있어야 아이와 아이의 관계, 아이와 마을 사람들의 관계, 마을 사람과 마을 사람의 관계가 새롭게 형성될 것이다. 마을교육공동체는 고정된 실체가 아니라, 함께 만들어 가는 사회적 구성물이라고 할 수 있다.[11] 마을교육공동체는 인구 감소, 저출산, 지역 불균형, 지역 소멸, 청년 이탈, 지역의 삶의 질 등 지역 현안에 대한 대안으로 부상하고 있다.

최근 활발하게 벌어지고 있는 '마을교육공동체운동'(또는 지역공동체교육운동)의 출현은 분명 근대 교육의 반성과 함께 문명의 대전환과 새로운 사회의 출현을 알려 주는 징후적 사태로 보인다. 마을교육공동체운동의 출현은 제2의 근대화/근대 교육을 위한 새로운 출발이라고도 할 수 있다.

4. 마을교육공동체와 연동된 미래 학교의 다양한 모델

미래학교의 모델은 관점에 따라 여러 가지 모습을 보일 수 있다. 우리에게 익숙한 그린스마트학교[12]는 너무 기술적인 공학적 모델이기에 마을학교 모델, 지식 주도 학교 모델, 민주학교 모델, 성장학교 모델, 인문학교 모델, 좋은 학교 모델을 대안으로 제시한다. 물론 이러한 여러 모델은 학교마다 다른 고유성과 특색을 지니며 서로 융합되어 다양하게 실험될 수 있다.

마을학교 모델(community school model)

'마을(village)'[13]은 일과 놀이와 배움이 통합적으로 행해지던 장소다. 지역에서 삶과 배움, 노동이 일치하는 것이 마을이다. 우리 사회에서 '마을'은 농촌에 있는 자연마을만을 의미하지 않는다. 마을은 '작은 우주'이다. 지역은 물리적 대상물인 토지가 아니라, 삶과 터로서의 가치로 이해되어야 한다. 마을은 인류의 온갖 지혜가 온축된 공간이다. 마을은 지속가능한 발전의 출발점이다. 마을은 지역사회의 근간으로서 '공동체 속의 공동체'라고 할 수 있다. "마을이 살아야 농촌이 살고, 농촌이 살아야 국가가 산다." 지역이 살아야 국가도 산다. 학교가 살아야 마을이 살고, 마을이 살아야 지역이 살 수 있다. 농촌이 풍요롭지 않다면 도시는 아름답게 발전하기 어려울 것이다.

마을은 국가의 원형이다. 마을은 국가의 토대를 이루는 단위로서 마을이 확대되어 고을이 되고 고을이 모여 국가가 된다. 마을은 공동체 구성원들의 삶이 이어지는 공간이다. 마을은 사람들이 삶을 유지하는 가장 기초

---

11) '마을교육공동체'는 그 참여 주체, 역할, 교육 내용과 방법 등에서 어느 것 하나 고정되고 정형화되어 있지 않다.

12) 교육부는 그동안 그린스마트학교나 원격교육/온라인교육이 마치 '미래교육'인 양 추켜세우며 '실시간 원격 확대'를 강요하는 경향을 보여 왔다. 아동의 발달과 인격 형성을 테크놀로지에 맡기려는 정책은 위험한 실험이다. 사실 팬데믹 와중에 가장 강력한 영향력을 발휘한 것도 '입시'였다. '선택'과 '개별화'로 포장된 미래교육 담론을 펼치는 계기인 양 코로나 팬데믹을 활용할 뿐, 입시의 테두리로부터 한 치도 벗어나려 들지 않았다.

13) daum 국어사전에는 '마을'이란 주로 시골에서 여러 집이 한데 모여 사는 곳이고, '지역(地域)'은 자연적 또는 사회적, 문화적 특성에 따라 일정하게 나눈 지리적 공간이다. '마을'은 학교 주변의 좁은 범위를 말하며, '지역'은 다소 규모가 큰 행정구역을 말한다. 마을은 자연적으로 형성된 정서적이고 따뜻한 느낌을 주는 반면, '지역'은 인위적으로 구분된 체계적이며 형식적인 느낌을 준다. 추창훈 교장은 '마을'을 행정구역상 읍·면·동으로, '지역'은 시·군·구 단위로 구분하여 쓸 것을 제안한다(추창훈, 2020: 93). 그런데 우리가 교육과 삶의 변화를 시도하기 위해 읍·면·동을 지칭하는 '마을'은 가진 것이 너무 부족하다.

인 단위로서 작은 국가와 같다. 마을의 모습을 통해 국가의 모습을 유추할 수 있다. 마을은 작은 공화국, 즉 '마을공화국'이라고 표현되기도 한다. 진정한 민주공화국은 '마을'에서 시작된다. 마을공화국이란 읍·면·동 단위의 '작은 공화국'을 말한다. 작은 마을공화국은 주민 스스로 마을헌법을 제정하고 마을정부를 운영하며 고도의 자치를 누리는 마을민주주의가 작동되는 자치공동체이다. 진정한 민주공화국은 소수가 독점한 권력과 부를 모두에게 고루 나누는 것에서 시작하고, 그것은 시민이 스스로 다스리고 모두가 지배로부터 자유를 누리는 '마을공화국'에서 가능하다.

궁극적으로 풀뿌리 지역공동체들의 공동체, 즉 '공동체들의 연합'이 '국가공동체'가 되어야 한다. 이제 국가가 마을을 구성하는 근대적 모형이 아니라, '마을'을 통해 국가를 재구성하는 아래로부터의 풀뿌리운동이 일어나야 한다. 읍·면·동의 작은 마을공화국[14]이 실제로 가능하게 하려면 지역에서 살고, 일하고, 놀고, 공부할 수 있는 환경의 조건이 필요하다. 마을민주주의/자치는 지역의 마을공화국을 통해 구현되어야 한다.

마을의 원리가 이제 국가의 원리, 그리고 세계의 원리가 되어야 한다. 지역공동체교육운동은 지역사회학교(community school)/마을학교(village school)[15] 만들기로 구현되고 있다. 마을이 학교와 연계할 수 있는 '고리'가 존재하며, 이를 '마을학교'라고 규정할 수 있다(양병찬, 2019: 340). 학교를 '지역사회학교' 또는 '마을학교'로 바라보는 관점은 학교와 사회의 관계를 최대한 밀접하도록 한다. 이러한 관점은 학교에 대한 '고립된 섬'으로서의 위상을 벗어나 더 적극적으로 학교와 사회의 유대를 모색한다. 학교가 사회이고, 사회가 학교라는 견해라고 할 수 있다(이인희, 2020: 227-228).

그런데 요즘 아이들은 코로나로 갈 곳이 없다. 공공기관과 학교가 닫히고 아이들이 사각지대에 놓였다. 안전한 공간이 필요하다. 마을학교가 절실하게 필요하다. 그래서 그런지 학교현장에서 '마을과 함께'라는 목소리가 크게 들리기 시작한다. '한 아이를 키우는 데는 온 마을이 필요하다'라는 말이 회자되는 것처럼 마을이 교육적으로 큰 의미가 있다는 것은 널리 인정되고 있다. 이는 결국 교육이 학교만의 과제가 아니라 지역사회의 모든 영역이 함께 해결해야 할 과제임을 함축하고 있다.

그러면 돌아온 학교와 마을의 관계를 어떻게 설정하고, 마을교육공동체는 구체적으로 어떻게 만들어야 하나? 학교는 그 자체를 넘어 더 넓은 세상으로 연결되어야 한다. 마을교육의 실체를 이해하는 방식으로 학교 자체를 교육공동체로 보는 것(school as community)을 넘어 학교와 지역사회의 연계를 강조하는 것(school-community connection)으로 진화하고 있다.

마을교육공동체의 중심에 마을학교가 있다. 마을활동가 박현숙[16]은 '마을교육'의 특징을 다음과 같이 정리한다.

---

14) 주민 스스로 마을헌법(자치규약)을 만들고 자율적으로 마을정부와 마을기금을 운영하며 수준 높게 자치를 누리는 읍·면·동 마을공동체가 마을공화국이다. 진정한 마을자치는 마을공화국을 제도화하는 법인 주민자치 관련 법률이 제대로 제정되어야 가능하다. 이에 3·1민회에서는 2019년 7월 24일 자체적으로 「주민자치기본법안」을 마련하고 현재 그 입법화를 위한 운동을 전개하고 있다. 자치를 원하는 읍·면·동은 고도의 자치를 누리는 마을공화국을 건설할 수 있도록 하고 있다.

15) 지방정부들이 앞다투어 독자적인 마을 만들기 정책을 추진하기 시작하였다. 그동안 행정 주도 성과주의적 지역개발 사업에 대한 대안으로 주민참여형의 마을공동체 만들기 사업이 활발하게 전개되었다. 이러한 마을공동체운동·사업의 확산 분위기 속에서 '마을학교' 개념이 광범위하게 사용되었다. 하지만 '마을학교'라는 개념은 시간의 흐름과 함께 중의적으로 해석되었다.

16) 한국교육개혁전략포럼 주최, '마을교육공동체 활성화 방안' 온라인 전국 순회토론회 발표 자료(2021. 10. 9).

- 마을교육은 학교에서 하는 지식교육의 보완이 아니다.
- 마을교육은 아동·청소년의 삶을 지원하는 다양한 교육의 장
- 마을교육은 학교 안팎에서 다양한 형태로 협력하며 이루어지는 것
- 마을교육은 우리 지역에서 성장기를 보내는 아동·청소년을 함께 지원하는 것
- 마을학교는 민주주의 실현의 장
- 마을교육은 하고 싶은 것을 시도할 수 있는 실험실
- 마을교육은 영역(돌봄, 교육)을 넘나드는 무형식, 비교과, 프로젝트, 다양한 주제
- 마을교육은 줄 세우기가 없고 성적으로 차별하지 않는 곳
- 마을교육은 개인의 작지만 소중한 문제 해결 경험의 장
- 마을교육은 학교를 다니지 않는 청소년도 갈 수 있는 곳
- 마을교육은 모두가 교사가 되고 모두가 배우는 학교
- 마을교육은 함께 배우고 함께 나누는 삶터
- 마을교육은 마을의 주인(민주시민)을 길러 내는 작은 협의체(거버넌스)[17]

학교와 마을, 그리고 지역이 함께하는 교육을 위해서는 학교, 지역사회, 마을이라는 이질적인 그룹이 함께할 수 있는 새로운 융합형 형태의 제도적 공간을 창조해야 한다. 혁신교육지구의 핵심에는 '마을결합형 교육[18] 또는 마을융합수업'이 있다. 마을결합형 교육은 마을과 학교의 연계와 협력을 강조하는 '혁신교육'의 한 부류이다. 즉 혁신교육은 새로운 공교육이 추구로서 혁신학교와 혁신교육지구를 포함하고 있다. 혁신교육지구가 추구

하는 마을결합형 교육은 좋은 수업을 하겠다는 것이다.

지역사회학교/마을학교는 관료적 학교체제의 붕괴, 가족해체, 지역사회의 파편화를 극복하기 위한 방파제로 기능하도록 한다(West-Burnham & Farrar, 2007: 6-7). 지역사회를 학교에 끌어들이는 방안으로는 성인에 대한 학교 개방, 지역의 교육자원 활용, 지역사회의 구조와 문제 등을 다루는 교육과정 편성 등이 있다.

학교는 지역사회의 일부로서 마을교육의 허브가 될 수도, 촉진자가 될 수도 있다. 학교와 지역사회 간 협력을 통해 학교교육과 사회교육의 상호 협력적인 노력이 필요하다. 학교와 마을의 연계 단계에서 학교와 마을의 협력 단계로 발전해야 한다. 학교와 지역사회의 협력 단계가 긴밀해질수록 지역사회에 대한 학교의 영향력은 더욱 커진다. 이러한 협력적 관계는 학교와 지역사회가 함께할 수 있는 가장 보편적인 형태라고 할 수 있다. 학교와 지역사회의 협력 단계가 심화되면 지역사회가 성장 세대의 교육이 이루어지는 장이 될 뿐 아니라 교육의 내용이 된다.

학교교육은 그 학교가 위치한 지역을 탐구하는 것을 중요한 내용으로

---

17) 최근 들어 자주 호출되는 '거버넌스(governance)'라는 말은 국가기관, 즉 정부 혼자 이 모든 일을 해결할 수 없음을 드러낸다. '거버넌스'는 공동의 목표를 달성하기 위해 주어진 자원 안에서 모든 이해 당사자들이 책임감을 가지고 투명하게 의사결정을 수행하게 하는 제반 장치라고 할 수 있다. '거버넌스'는 특정한 주제(교육 등)와 관련하여 이해관계를 가진 민·관의 다양한 주체들이 모여 수평적으로 협력하는 문제 해결 방식이다.

18) 혁신교육지구와 마을교육공동체운동에서 중시하는 '마을결합형 교육'은 두 가지 차원으로 진행된다. 그 한 축으로서 학교는 좋은 수업을 위해 마을의 교육자원을 발굴하고, 이를 학교교육으로 가져와 교육과정을 재구성하여 수업을 운영하는 것이다. 이를 '마을과 함께 교육'이라고 한다. 다른 한 축은 마을은 마을대로 학생들이 성장하는 데 필요한 마을교육기관을 세우고 좋은 마을강사 자원을 활용하여 마을 단위에서도 아이들 키우는 일을 함께 하는 것이다. 이것을 '마을교육'이라고 한다(이용운, 2020: 25-26). 이렇게 하는 이유는 더 이상 학원교육에 아이들을 내맡기지 않겠다는 것이다.

삼아 교육과정을 '지역화'하게 된다(이인희, 2020: 260). 급격한 전환 시대에 적절히 맞서려면 지역사회로부터 고립된 학교를 지역사회/마을과 연결된 학교로 만들어야 한다. 위험 사회이자 저성장 사회를 맞아, 마을의 본래적 가치와 공동체의 대안적 가치가 새롭게 조명되면서 학교와 마을이 가까워지고 있다.

그런데 계층상승의 도구로 전락한 대학서열체제로 인해 학교혁신 및 사회 발전의 발목이 잡혀 있고, 지역 소멸 현상까지 초래하고 있다. 그래서 입시 중심의 공교육/학교교육 체제에 균열을 내고자 하는 대안학교운동과 혁신학교운동(innovative school movement)[19]이 일어나고 있다. 이러한 교육개혁의 흐름과 궤를 같이하는 마을학교는 공교육을 개혁하는 '혁신학교'처럼, 실험학교(experimental school)[20]의 성격과 대안교육적(alternative education) 특성[21]을 갖고 있다. 대안학교의 부모와 교사들은 자신들의 실험적인 교육이 혁신학교에 영감을 줬다는 믿음 때문에 정규학교에 대해 채권의식을 갖고 있다. 따라서 대안학교의 부모와 교사들이 볼 때 학교는 '거부할 게 아니라, 바꿔야 하는 곳'으로 생각한다(박민형, 2021: 87-88). 새로운 학교 운동은 기존의 학교를 거부하거나 부정하는 것이 아니라, 대안학교 스스로 또 다른 '학교'가 되는 과정이라고 할 수 있다.[22]

마을학교는 마을자치와 교육자치의 구심점이다. 마을학교는 주민자치를 통해 움직여진다. 동 단위 마을공동체(학교 단위 마을공동체), 즉 작은 단위의 거버넌스(협치/공치)로 생활화·일상화된다. 지자체, 교육청, 마을과 학교의 거버넌스 구축을 위해서는 '중간지원조직'을 중심으로 한 읍·면·동 기본 자치를 다지는 것이 중요하다. 중간지원조직을 만들어서 일을 위임해 주고,

더 많은 사람을 만나게 하고, 그 사람들이 일할 수 있게 도와주는 중간지대가 존재해야 예산의 사용에서도 주민과 행정이 함께할 수 있다.

또한 마을학교는 학교 공간을 지역사회 개발 차원에서 보충하고 해석하려고 노력한다. 마을학교는 학교를 마친 아이들에게 갈 곳을 마련해 주고, 마을에서 아이들을 보살펴 준다는 측면에서 중요한 의의가 있다. 마을학

19) '혁신교육'은 2009년에 경기도에서 시작한 '혁신학교'에서 비롯되었다는 평가가 지배적이다. 물론 혁신학교가 어느 날 갑자기 하늘에서 뚝 떨어진 것은 아니다. 이미 1980년대 전교조의 교육민주화운동과 참교육운동, 1990년대 후반과 2000년대 초반의 대안교육운동과 작은학교운동과 같이 학교교육의 한계를 극복하려는 시도가 이전에도 여럿 있었다. 이들 대부분은 학교교육에 문제의식을 지닌 교사나 민간의 활동가들이 실천한 사례다. 이 교육운동은 우리 교육의 변화를 현장에서 자발적으로 시도했다는 면에서 매우 중요한 의미가 있다.

20) 듀이는 실험학교를 통해 전통적 학교에서와 달리 시도한 교육 실제의 특징적 면모를 보였다. 듀이는 자연과학이 실험실을 통해 놀라운 발전을 이루었듯이 철학도 실험실이 필요한데, 인간, 지식, 가치의 주제를 탐구하는 철학적 실험의 장은 인간의 지적·도덕적 성향을 형성하는 학교라고 보았다. 듀이 실험학교는 이후 1930년대까지 확산되는 진보주의 교육운동의 실천적 모범이 되었으며, 현재까지도 학교교육의 대안을 모색하는 진보적 교육자들에게 영감을 불어넣는 선도적 전형으로 평가받고 있다.

21) 현재 교육이 무엇을 해야 하고 어떤 것이 될 수 있는지에 대한 과거의 비전의 실마리는 세상에서 교육에 대한 우리의 사회적, 심지어 개인적인 상상력을 가로막고 있다. 오늘날, 우리는 진정으로 도전을 다룰 수 있고, 도전을 유익하다고 알고, 불협화음을 가질 수 있는 교육 개념이 필요하다. 미래를 위한 대안교육의 가능성은 지적·도덕적·신체적·사회적·직업적·미적·정신적·시민적 등 인간 생활의 모든 면에서 더 나은 사람들을 생산하는 것이다(Lees & Noddings, 2016: 1-5). 50년 전, 이반 일리치는 우리가 진정한 교육의 약속을 즐기려면, 교육을 위한 '대안적' 방법을 찾아야 한다고 제안했다. 그것을 그는 사회의 '탈학교화(de-schooling)'라고 명명하였다. OECD의 교육연구혁신센터(CERI)가 수행한 미래 학교 프로젝트는 현상유지 유형(관료제 유지), 재구조화 유형(집중적 학습조직으로서의 학교), '탈학교화 유형'(학습자 네트워크와 네트워킹 사회)을 그리고 있다.

22) 위기의 학교교육을 극복하는 대안학교의 방식은 두 갈래 길이 있다. 하나는 '더 새로운 학교의 길'이고, 또 하나는 학교라는 트랙에서 내려오는 것, 즉 '학교 없는 대안교육의 길'이다(박민형, 2021: 94-96). 많은 대안학교가 '더 새로운 학교의 길'을 찾고 있다. 교육이론 공부 모임이 유행하고, 교사들의 교육과정 토론이 활발하게 열리고 있다. 코로나 때문에 대안교육 현장의 학습량이 늘었고, 대면 모임에 소요되던 시간을 아껴서 줌회의와 토론에 참여하고 있다. 많은 대안학교가 탈학교 청소년들에게 "학교에 가지 않아도 괜찮다"라고 하지 못하는 이유는 학교와 '학교 밖 청소년'에 대한 대안학교의 이중적인 태도 때문이다. 대안학교는 입시 위주의 학교교육을 비판하는 것으로 존재감을 키워 오기는 했지만, 스스로 '학교'임을 부정한 것이 없다. 이와 달리 '학교 트랙에서 내려오는 길'은 '학교 없는 대안교육'을 추구한다. 홈스쿨링을 하고 있는 자녀의 경우, 학교 없는 대안교육을 받기 위해 마을을 기반으로 한 소도시의 통학형 대안학교를 다닌다. 이 경우 마을에는 요리와 목공의 장인, 기타의 달인, 수학의 고수 등 가르쳐 줄 사람이 있어야 한다. 강의와 휴식을 위한 공간이 있고, 거기에 마을 사람들이 공동 운영하는 마을가게가 있다.

교는 학교가 담당하기 어려운 부분을 마을에서 담당하고, 마을의 돌봄 기능을 회복한다는 측면에서 중요한 역할을 하고 있다(추창훈, 2020: 193-195). 마을학교는 소규모이고, 다양성을 인정하고, 관계성이 중시된다. 마을 배움터인 마을학교는 마을교육을 통해 그 역할을 다해야 한다.

마을교사는 혁신교육지구사업[23] 또는 '미래교육지구사업'[24]의 핵심적 파트너이자 최일선에서 활동하는 주체이기에 행정과의 파트너로서 활동할 수 있도록 공식적인 논의 채널을 마련해 주어야 한다. 마을교사의 역량은 미래교육의 역량과 직결될 수 있기에 이들의 역량 강화를 위한 지원을 더욱 체계적으로 추진할 필요가 있다.

마을학교는 학교교육과 지역사회의 성인교육을 공간적으로나 교육 내용 면에서 결합한다. 모든 자원, 곧 교실, 실습실, 예술실, 도서관, 체육 및 스포츠 시설, 식당 등은 지역 주민들을 위한 활동 공간이다. 마을학교는 학습뿐 아니라 문화 및 여가활동도 펼치는 장소다. 마을학교는 지역 주민들의 교육 및 봉사활동의 기지가 되어야 한다. 마을학교는 교육자와 교육행정가, 정규학교, 유치원, 여가활동 시설 등을 하나의 지붕 밑에 통합한다. 마을학교에서는 대체로 학부모와 마을 주민들이 아이들을 맞이하고, 때로는 강사 역할도 한다. 대부분 동네 사람이라서 아이들의 가정환경에서부터 삶의 이력, 개인적인 특성, 교우 관계 등을 잘 알고 있다.

마을학교를 학교교육과의 연계만으로 한정하기보다는 주민자치, 평생교육, 도시재생, 마을돌봄 등의 거점이 되어야 안정적·지속적인 운영의 토대를 마련할 수 있다. 마을학교가 '마을의 거점'으로 자리 잡을 수 있는 지원을 해야 한다. 마을학교별로 공동체를 만들어 운영할 수 있도록 권장해 나가야 한다. 지속가능한 마을학교 운영을 위해서는 안정적인 운영 시스템이 필요하다. 이를 위해 마을학교별로, 혹은 협력을 통해 사회적 협동조합[25]을 설립하여 운영할 수 있게 운영자들을 교육하고 육성해 나가고 있다. 마을학교는 지역사회의 센터로서 생활기술을 학습하는 교육의 장이자 협동하여 생활할 수 있는 환경으로 구성할 것을 목표로 한다. 지역의 실정을 학교 세계에 적극적으로 반영하고, 이웃 사람들을 학교에 끌어들여야 한다.

마을학교에서는 학교의 울타리와 지역의 경계를 넘나드는 배움이 일어나야 한다. 모든 배움은 학교가 존재하고 있는 연계의 공동체, 장소의 공동체, 실천의 공동체 속에서 일어난다(Clark, 2010: 77-84). 여기에서 유념할 사항은 마을학교가 학교교육의 본질적 원칙을 부정해서는 안 된다는 점이다. 마을학교는 학교 공간을 지역사회 개발 차원에서 보충하고 해석하려

---

23) '혁신교육지구'는 학교와 교사의 부담을 줄이고 마을이 교육공동체의 주체로서 함께 서는 운동이며, 마을교육활동을 통해 혁신교육이 마을의 문화로 자리 잡도록 하는 교육실천운동이다.

24) 2000년부터 시작된 '미래교육지구사업'은 미래교육 혁신을 위한 지역 기반 교육협력 생태계를 구축하고자 하는 사업이다. 코로나19 펜데믹을 계기로 미래교육으로 나아가자는 사회적 공감대가 확산되면서 지역을 기반으로 학교와 마을 협력의 필요성을 강조하고 있다. 또한 4차 산업혁명, 인구구조 변화에 선제적으로 대응하는 전략으로 지역교육을 혁신하는 생태계를 구축하여 지속가능한 체제를 마련할 필요가 있다. 그간의 지역교육 생태계 성과와 한계를 면밀히 성찰하고, 이를 토대로 지역의 상상력을 더하는 우수 모델 개발을 통해 확산 유도를 촉진하고 있다. 그리하여 미래형 교육자치 협력지구를 통해 우수 모델 개발을 선도하고자 한다. 2011년부터 시작된 지역교육의 혁신을 위해 기초자치단체와 교육청 협약에 의한 '혁신교육지구사업'(2022년 3월 기준 16개 시·도 201개 지구 협약체결)을 심화하고 확장하는 교육부 주도의 새로운 사업이라고 할 수 있다.

25) 마을활동가들이 '사회적 협동조합'을 구성해 마을의 돌봄기관으로 성장할 수 있도록 '사회적경제지원센터'와 협력해야 한다. 사회적 협동조합을 통해 운영되는 마을학교는 좀 더 공적이고 협력을 통해 안정적인 인적 자원이 결합하여 지속적 발전을 도모할 수 있다. 좀 더 다양한 사업구조 확장뿐 아니라, 기부금 등 안정적 마을학교 운영을 위한 방안들을 가질 수 있다. 마을학교가 학교나 아동·청소년만을 교육 대상으로 한정하기보다, 주민들과의 교류를 넓히면서 수익 창출을 모색할 필요가 있다. 학교 밖 청소년을 위한 제과점 사업의 경우처럼 마을 주민의 자립을 위한 사업(공방 시민 프로젝트)을 운영할 수도 있다.

고 노력해야 한다.

지식 주도 학교 모델(knowledge-led school model)[26]

마이클 FD 영은 미래적 사고를 강조하는 미래학(futurology)이 본질적으로 매우 부정확한 과학이라고 본다. 왜냐하면 미래학은 모든 사실을 결코 가까이에 두지 않기 때문이다. 더 적절하게 표현하면 우리가 구상하는 시나리오와 예상되는 결과들이 어떤 종말론적 고리를 가지고 있다고 하여 불가피하게 과장되었거나 틀렸다는 뜻은 아니다(Young & Muller, 2016: 79).

'미래'는 지식의 획득과 생산이 더 이상 별개의 현상이 아니라, 증대된 동질성 중의 하나로 추정되고, 매우 다양해진 다수의 사회적 실천들의 집합이라고 할 수 있다. 따라서 과거는 나쁜 것과 동일시하고 미래를 좋은 것과 동일시하는 진보주의자의 수렁에 빠지지 않아야 한다. 이러한 사고는 보수주의자에게도 해당된다. 사회는 인간이 만들어 낸 것이고, '세상은 적어도 원칙적으로는 언제나 바뀔 수 있다'라고 사람들에게 알려 주는 것을 지식인이 유일하게 할 수 있는 일이라는 생각은 지지될 수 없다. 모든 비판은 분명한 대안을 제시해야 하기 때문이다. 비판만으로는 체계적인 지식과 학습의 토대를 구축할 수 없다. 구체적 정책이나 실천을 말하는 것이 아니라, 정책과 실천의 변화를 유도할 수 있는 대안적인 원칙을 수립해야 한다(Young, 1993: 16).[27]

영은 사회를 정의롭게 하는 '힘을 가진 지식'이 이끄는 미래 교육과정(powerful knowledge led curriculum)을 제창한다(Young, 2019). 정의로운 사회의 건설을 위한 정의로운 학교 및 교육과정과 결합된 지식의 생산을 위한 지식의 지위를 회복한 교육과정 논의, 즉 '지식의 회복'을 주창하였다. '누구의 지식인가', '누가 이익을 보는가'에 초점을 둔 이전의 '힘을 가진 자들의 지식'의 재생산 기능을 하는 교육과 대조되는 모든 아이들을 위한 '힘 있는 지식'의 해방적 역할을 강조한다(심성보, 2020). '힘이 있는 지식'의 요청은 '힘을 가진 사람들의 지식'인 교육과정에 도전하였다.[28)]

마이클 FD 영[29)]의 '미래교육 시나리오'는 <미래 시나리오 1>(전통주의/보수주의/엘리트주의), 시장주의(신자유주의 모형), <미래 시나리오 2>(사회적 구성주의/아동 중심적 진보주의)를 넘어서고 있다. <미래 시나리오 3>(사회적 사실주의)은 구성주의와 진보주의를 비판하면서 힘이 있는 지식을 소환한다.[30)] 모든 아이

---

26) 지식은 과거지만, 지혜는 미래다. 지식이 쌓여도 지혜가 되지 않을 수 있다. 지혜 없는 지식은 위험하다. 지식을 '지혜'에 이르게 하기란 쉬운 것이 아니다. 지식의 상승과 하강이라는 이중 운동은 진정한 지혜를 위한 교육의 가장 핵심적이고 기본적인 힘이다. 지혜는 '존재의 실상에 대한 참된 앎'이라고 할 수 있다. 지혜에 대한 사랑을 교육현장에 적용하는 것은 그리 만만한 일이 아니다. 이런저런 시련을 겪으면서도 지혜 추구를 장려하는 것은 아이들이 자기 영혼의 가장 진정한 양식으로 여기는 마음을 갖도록 영혼의 눈을 자각하는 교육적 청사진이라고 할 수 있다. 그리하여 모든 사람이 삶의 가장 고귀한 목적인 진정한 행복을 모색할 수 있어야 한다. 인간은 지혜로울 때 행복하다. 이를 위한 고도의 훈련과 교육을 받은 훌륭하고 경쟁력 있는 노동인력과 시민을 양성하는 최고의 방법을 위한 학교개혁이 이루어져야 한다(Steel, 2018). 이를 두고 '지혜학교(wisdom school)'라고 명명하기도 한다.

27) 영은 미래를 위한 대안적 교육과정을 다음과 같이 제시한다. 첫째, 교육과정의 대안적 접근은 지식이 형성되고 발전되어 온 사회적, 역사적 맥락과는 어느 정도 독립시키고자 하는 보수적 관점을 지지하지 않는다. 교육과정의 대안적 접근은 지식의 관점을 특별한 역사적 맥락과 경합적 이해관계 및 권력 투쟁의 특징을 지닌 세계로부터 발생하는 사회적으로 생산되고 획득되는 것으로 본다. 둘째, 교육과정의 대안적 접근은 단순히 이런저런 '사회적 실천의 집합'이라는 지식의 관점을 받아들이지 않는다. 미래의 교육과정은 '실천'(발현 지향적, 외부 지향적, 문제 지향적)으로서의 교육과정뿐 아니라 '사실'(전달 지향적이고 학문 지향적, 내부 지향적)로서의 교육과정을 포함하고 있기 때문이다. 양자의 이분법을 넘어 교육과정의 과거적 특성들은 미래를 위한 교육과정을 위해 가치가 있어야 한다(Muller, 2016: 53-54). '사실'로서의 교육과정과 '실천'으로서의 교육과정은 이론적 지식과 일상적 지식이 연계된 문제이다(Young, 2008b: 89).

28) 영의 '힘 있는 지식'의 주창은 번스타인에게서 빌려 왔지만, 더 원천적으로는 헤겔의 영향을 받은 비고츠키의 영향을 받은 것으로 보인다(Derry, 2013: 144-145). 비고츠키의 '개념적 사고'와 번스타인의 분류화 이론은 영의 '힘 있는 지식' 개념에 큰 영향을 미쳤다.

29) 능력주의를 비판한 『능력주의의 부상』의 저자가 아니다.

들을 위한 〈미래 시나리오 3〉은 〈미래 시나리오 1〉과 〈미래 시나리오 2〉에 대한 비판과 분석으로부터 시작한다. 최상의 의도를 거역하는 〈미래 시나리오 2〉 주창자들—진보적 교수학(progressive pedagogy)[31]과 그 변형을 옹호하는 사람들—의 주요한 영향력은 또래들보다 뒤처지는 학습자들에게 지식과 학습의 개요를 투명하게 하지 않으면 안 된다(Young & Muller, 2016: 73).

마이클 영은 『지식과 미래학교』의 공동 저자로 참여하고 있는 교장과 함께 사회를 변화시키는 정의로운 '힘을 가진 지식이 이끄는 학교'의 10가지 원칙을 제시한다(Young, 2014: 154-156).

- 지식은 그 자체로 가치가 있다: 배움은 청소년기의 목적이다.
- 학교는 사회를 대표하여 공유된 강력한 지식을 전달한다: 우리는 그들이 세상을 이해하고 향상시키는 데 필요한 것을 가르친다.
- 공유된 '힘 있는 지식'은 학습된 공동체를 통해 검증된다: 우리는 모델

30) 사회적 구성주의의 '구성주의'를 '사실주의(realism)'로 대체하여 '사회적 사실주의(social realism)'가 제창되었다. 사회적 사실주의의 '사실주의(realism)'는 관념주의자(idealist)보다는 물질주의자(materialist) 입장에서 지식의 사회적 생산에 관심을 두고 있다. 사회적 구성주의에서 '사회적' 개념은 진리를 추구하도록 하는 데 아무런 경계가 없다. 지식이 사회적으로, 역사적으로 구성되기는 하지만 역사적·사회적 구성물로 환원될 수는 없다.

31) 진보주의 교육학은 과학적 발견에 초점을 맞추면서 교수와 학습의 과정을 중시한다(Young & Muller, 2016: 98). '새로운 교육'을 지향하는 아동 중심적 진보주의는 낭만주의(아동의 자발적·자연적 성장), 경험주의(실험적 탐구, 발견의 신기함), 탈학교화(탈사회화)의 기조를 유지하고 있다(Paterson, 2015: 225-231). 지식의 경계와 분류화가 감옥이기도 하지만, 과거를 응축시키고 가능한 미래를 여는 긴장의 지점이기도 하다. '전통적(traditional)' 교육과 '진보적(progressive)' 교육의 차이는 단지 가르치는 것뿐만 아니라, 다른 요소들이 서로 관련되는 방식에도 의존한다. 전형적으로 전통적 교육과정이 '강한 경계'를 가진 잘 정의된 교과 범주들로 조직되는 반면, 진보적 교육과정은 통합을 촉진하며 '약한 경계'를 지닌다(Moore, 2004: 147).

학습자로서 연구와 교과연합회와 계속해서 교섭한다.

- 아이들은 세상을 이해하고 해석하기 위한 '힘 있는 지식'이 필요하다: '힘 있는 지식'이 없으면, 아이들은 그것을 가지거나 오용하는 사람들에게 의존하게 된다.
- '힘 있는 지식'은 일상생활에 필요한 지식보다 인지적으로 우수하다: 그것은 아이들의 일상 경험을 초월하고 그들을 해방시킨다.
- 공유된 '힘 있는 지식'은 아이들이 유용한 시민으로 성장할 수 있게 해준다: 어른으로서 그들은 세상을 이해하고 협력하며 함께 형성할 수 있다.
- 공유된 지식은 정의롭고 지속가능한 민주주의의 기초이다: 함께 교육받은 시민들은 공동선을 공유하고 이해한다.
- 모든 아이들이 이 지식에 접근할 수 있어야 하는 것은 공정하고 정당하다: '힘 있는 지식'이 문을 열어 준다. 모든 아이들이 그것을 이용할 수 있어야 한다.
- 공유된 지식 전달을 위해서는 어른의 권위를 수용하는 것이 필요하다: 지식을 전달한 교사의 권위는 사회에 의해 주어지고 가치가 부여된다.
- 교수활동은 어른의 권위와 '힘 있는 지식' 그리고 그것의 전달과 연계된다: 우리의 모든 아이들을 위해, 이 모든 것을 성취할 수 있는 수준 높은 전문가가 필요하다.

'힘 있는 지식'은 곧 '좋은 사회', 즉 좋은 일자리와 주택 및 문화 등을 창조하는 데 기여할 것이다. 즉, '힘 있는 지식'은 사회정의를 위한 교육과정과 결합되어 있다. 결국 사회정의를 위한 교육과정은 정의로운 학교와 정의로운 사회와 연동될 것이다. 영은 지식이 개인의 경험으로는 얻을 수 없는 사회적·역사적 기원을 갖고 있기에 '힘을 가진 사람들(the powerful)'의 지식이 아니라, 삶에 유용한 도움을 주는 '힘 있는 지식(powerful knowledge)'을 대안으로 제시하고 있다.

그리고 지식의 비판적 기능과 함께 사회정의를 위한 '힘 있는 교육과정'을 주창한다. 정의로운 지식 및 교과과정은 정의로운 학교 및 사회의 건설과 연동되어야 한다. 또한 정의로운 학교 및 사회의 건설은 곧 미래 학교 및 미래 사회의 건설과 연동되어 있다.

민주학교 모델(democratic school model)

민주학교는 혁신적/대안적/진보적/민주적/공동체적 교육운동(학교운동)과 맞물려 있다. 민주학교는 신자유주의를 거부하는 급진자유학교운동(radical free schools movement)을 지향하고 있다. 이때의 자유는 외적 강제가 없는 소극적 자유(~로부터의 자유)가 아니라, 자기 삶을 스스로 결정을 할 수 있는 적극적 자유(~로의 자유)로서 자율성과 자기의지와 연계되어 있다. 나아가 적극적 자유는 교육에서 불평등과 대결하고 사회정의를 발전시키는 자유에 대한 헌신을 중시한다. 후자는 '진정한 자유(real freedom)'로서 자율성을 가진 행위주체성(agency)[32] 또는 기회를 가진 자유이다. 자율성(autonomy)은 'autos(self)+nomos(rule/law)'로서 오직 스스로 세운 규칙에 복종하는 '자기입법(self-legislation)'[33]이다. 자율성의 과도한 강조는 권위/전통의 실종[34]과 반-지식과 관련된 무정부 상황을 초래할 수 있다. 이것은 한나

아렌트가 우려했던 문제이기도 하다.

칼 로저스가 강조하는 '책임지는 자유'이고 '타협되는 자유'이며, G. 비에스타가 강조하는 '관계적 자유'라고 할 수 있다. 미시적 수준(개인)이면서 동시에 거시적 수준(전체 학교)의 자유라고 할 수 있다. 학교에서의 자유는 자율성, 선택, 자기결정, 민주주의와 결합된 개념인데, 2010년 이후의 자유학교는 다양한 정체성 인정, 사랑과 돌봄, 연대와 결합된 사회정의의 엔진으로서 역할을 하도록 하고 있다. 그러기에 사회정의는 당연히 배분과 인정을 필요로 한다(Hope, 2019). 동전의 양면과 같은 소극적·적극적 자유를 중시하는 특별한 사회적·정치적 맥락에서 출발한 자유학교(Freedom School)는 신자유주의 정부가 추진하는 유럽의 자유학교(Free School), 미국의 차터스쿨, 영국의 아카데미와는 다르다(Hope, 2019: 53-57).

따라서 교육의 진보주의적(progressive)/아동 중심적 접근[35]은 신중할 필요가 있다. '자유(freedom)'의 개념은 복잡하고 경합적이기 때문이다. 교육

32) '행위주체성'은 결합 역량을 중시하는 인간 역량 접근(human capabilities approach)에서 강조되고 있다.

33) 영국의 샌즈스쿨(Sands School)은 민주적 자치공동체(democratic self-governing community)를 지향한다. 서머힐 정신을 이어받은 샌즈스쿨은 이전과 다른 교육의 모습을 보이는 유상·사립 중등학교이다. 진정한 선택과 자기결정을 할 수 있는 대안교육철학을 중시하는 정규학교이다. 소극적 자유(~로부터의 자유)와 적극적 자유(~로의 자유), 그리고 진정한 자유(행위주체성)를 모두 구현하고자 한다(Hope, 2019: 41). 미시적 수준(개인)과 거시적 수준(전체 학교)의 선택과 결정을 중시한다. 이런 방식은 이스라엘의 Hadera Democratic School과 유사하다. 두 가지 주요 기둥—민주적 가치의 측면(모든 개인, 즉 아이들과 어른들을 존중함)과 절차적 측면(학교의 공동체적 운영을 위한 민주적 기제의 작동)—을 가진 일종의 '민주국가의 축소판'이 작동한다(Hope, 2019: 41). 이렇게 민주학교는 변혁적(transformative) 특성을 지닌다.

34) 교육에서 '권위의 위기'는 곧 전통의 위기이다. 오래된 세계와 새로운 세계를 소통시키는 교육이 중요하다. 아이들은 과거와 미래 사이에 낀 존재이다. 그런데 진보주의 교육은 '세계사랑'을 상실시키고 있다는 비판을 받는다(Arendt, 2005).

35) 아동 중심적 진보주의는 '사회 개혁적 진보주의'와 충돌할 가능성이 있다. 따라서 양자의 공존이 요구된다.

적, 문화적, 그리고 심지어 심리적 가치의 희생을 무릅쓰면서 자유의 가치를 지나치게 강조하는 것은 사회적 불평등을 해소하고자 하는 자유 가치와 불가피하게 갈등을 초래한다(Hope, 2019: 87). 아동 중심 발달주의와 사회 중심 개혁주의는 분리되지 않고 공존하면서 발전해야 한다.

학교교육체제에 민주학교를 도입하는 것은 학교에서 민주적 시민성을 실천하고, 학생들에게 민주적 삶이 무엇인지 체험하게 하는 실험학교(experimental schools)[36]의 성격을 갖는다. 학교는 사회의 축소판인 동시에 사회의 확장판이다. 아이들은 작은 어른이 아니다. 학교는 '축소된 사회', '맹아사회'이기 때문에 아이들이 장차 민주시민으로 살아갈 수 있는 역량을 기르고 훈련하도록 지원한다. 시민의 역량을 길러 내고 훈련시킬 수 있는 곳은 학교뿐이기 때문이다. 집과 일의 세계 사이에 위치한 중간지대로서 '학교'는 시민성을 형성하는 중요한 장소이다(Biesta, 2019).

존 듀이는 일찍이 『학교와 민주주의』(1916: 99)에서 "민주 사회는 개인들에게 사회적 관계 및 통제에 대한 개인적 관심을 부여하는 유형의 교육, 그리고 무질서를 초래하지 않고 사회 변화를 확보하는 마음의 습관이 있어야 한다"라고 주장하였다. 그는 당시 학교가 그러한 교육을 하는 것에 매우

36) 듀이는 실용주의(pragmatism)라는 확고한 토대 위에서 교육의 이론과 실제의 순환적 발전 가능성을 구현한 시카고대학교 실험학교의 특성을 잘 보여 준다. 시카고대학교 실험학교에서 듀이가 참여했던 7년간의 실험적 실천은 단위학교에서 이룬 진보주의 교육운동의 선구적 전형이 되었다. 특히 대학의 교수와 대학원생, 여러 분야의 전문가들과 지역사회의 실천가들이 연대함으로써 교사뿐 아니라 다양한 구성원이 실험학교의 새로운 목표와 수단을 강구하는 과정에 참여하였다. 무엇보다 교육과정을 실험적으로 구성하고 학교의 공동체 문화를 형성해 가는 과정에서 진보적인 교사들의 능동적 참여와 협동적 탐구가 근본 동력이 되었다는 점에 중요한 의미가 있다. 시카고대학교 실험학교는 현재에도 남아 있지만 실질적으로 듀이 철학에 기초한 교육 실천의 장으로서의 실험학교는 안타깝게도 이것으로 끝났다.

적대적이었다는 사실을 개탄했다. 학교가 다양한 사회 속의 아이들을 작은 공동체 안의 구성원으로 소개하고 훈련시켜 봉사정신을 충만하게 하고 효과적인 자기주도적 도구를 제공할 때, 우리는 가치 있고 사랑스럽고 조화로운 큰 사회에 대한 가장 깊고 최고의 보장을 할 것이다.

> 민주주의란 통치 형태 그 이상을 뜻하며, 일차적으로 함께 어울리는 삶의 방식이요, 공동으로 의미를 나누는 경험의 방식이다. 어떤 관심사에 참여한 개인들이 널리 확대되어 각자 자신의 행위를 다른 이들의 행위와 관련짓고 다른 이들의 행동을 고려하여 자기 행동의 초점과 방향을 잡아 나간다는 것은, 결국 사람들이 자신의 활동의 온전한 의미를 깨닫지 못하도록 가로막는 계층·인종·국가 경계의 장벽들을 허무는 일과 같다. 이렇게 해서 접촉이 더 많고 더 다채로우면, 개인이 반응해야 하는 자극은 한결 더 다양해지고, 결과적으로 자기 행동을 달리 시도해 보는 일이 가치를 더하게 된다. 또한 배타적으로 많은 관심사를 차단해 버리는 [비민주적] 집단에서 행위의 자극이 불공평할 때 억눌려 있던 힘들은 [다양한 접촉으로 인해] 자유롭게 해방된다(Dewey, 1916: 93).

가장 자주 인용되는 구절 중 하나로, 여기에는 민주주의의 개념과 함께 사회적 삶의 방식과 개인의 교육적 성장을 근본적으로 관련짓는 듀이 특유의 견해가 담겨 있다. 더 풀어 보면, 민주주의란 참정권이 모두에게 부여된 정치제도를 넘어 더 엄밀하게는 다양한 구성원이 함께 참여하여 자유롭게 교감하며 의미를 나누는 삶과 경험의 방식이다. 민주적으로 살아가는 사회 구성원은 각자의 개성적 관심을 자유롭게 발달시켜 갈수록, 주위 세계의 변화와 다른 이들의 생각과 느낌과 행동의 차이를 더 민감하게 마주하게 된다.

민주주의는 번거롭거나 위험한 것이 아니며, 사회는 물론 학교에서 민주주의가 실행될 수 있다(Apple & Beane, 2015: 28). 항상 만들어지고 있는 민주주의 사회에서 아이들을 민주적 시민으로 형성시키는 학교의 역할은 중차대하다(Thayer-Bacon, 2013: 121-138). 학교는 더 넓은 공동체를 믿고 협력하고 연대하며 민주시민을 길러 내는 유일한 곳이기도 하다.

민주학교는 젊은이를 고립된 개인이 아니라, 맥락과 관계 속의 사람, 더 구체적으로 말하면 삶을 구체적 경험과 실제의 시민성, 즉 사회적, 경제적, 문화적 그리고 정치적 조건 속의 존재로부터 학습하는 것이다(Biesta, 2011가: 15). 민주학교가 주체성을 강조한다고 하여 사회화(socialization)를 전면적으로 거부하는 것이 아니다. 사회화 과정을 거치지 않고 주체화(subjectification)에 이를 수는 없기 때문이다.[37]

교사와 학생이 함께 작업하고 성장하는 조건을 결정하는 데 관여할 수

37) 교육의 목적은 자격화와 사회화 그리고 주체화에 있다. 첫째, 교육의 자격화(qualification)란 직업과 관련하여 무엇인가를 하게끔 이끄는 지식, 기능 그리고 이해를 습득하게 하는 것을 말한다. 둘째, 교육의 사회화란 교육을 통해 특정한 사회·문화·정치 질서의 구성원이 되게 하는 것을 뜻한다. 셋째, 교육의 주체화란 학생들이 살고 있는 정치·사회·경제 질서로부터 그들의 독립성과 자율성을 길러 주는 것을 뜻한다(Sant, Davies, Pashby, Shultz, 2021: 41). 이들 각자의 목적들 사이에는 갈등과 경합이 불가피하게 발생하고 우선순위가 존재하며, 상황에 따라 교육 목적의 배합이 달라질 수 있다. 결국 아이들이 확신히 공적 사회의 일원이 되고 참여하며, 공적인 공간에서 확실한 역할을 할 수 있도록 힘을 실어 주는 것은 민주주의 사회에서 교육이 담당해야 할 중요한 임무이다.

있다면, 민주주의가 학교에서 발전함에 따라 민주주의에 필연적으로 참여(participation)하는 것이라고 말할 수 있다(Trafford, 2008: 411). 만약 학교의 민주주의가 어떤 것에 관한 것이라면, 그것은 권력이 아니라 '생각의 자유로운 교환'에 관한 것이다. 그러한 열린 지속적 논의가 없다면, 권력 분담은 무의미하다. 그러므로 민주주의적 관점은 권력이 어디에 혹은 누구에게 있는지를 결정하는 것보다는 모든 관련자가 진정으로 참여할 수 있는 분위기를 만드는 데 더 관심이 있다.

민주학교(democratic schools)를 간단하게 정의할 수는 없다. 학교회의(school councils)와 같은 민주적 구조는 비민주적인 환경에서 번창하지 않을 테지만, 그들의 존재는 분위기를 민주적인 것으로 바꾸는 데 도움을 준다. 민주학교를 특징지을 수 있는 핵심 가치는 협력, 상호존중, 자율성, 정의, 다양성과 평등에 대한 헌신 등이다(Trafford, 2008: 414).

민주학교로 영국의 섄즈스쿨, 프랑스의 생나제르 자주학교, 독일의 헬레네 랑에 학교, 덴마크의 에프터스콜레를 들 수 있다(심성보, 2021: 43-85). 민주학교는 다음과 같은 여러 목표에 중점을 둔다(심성보, 2018).

- 민주학교는 민주주의 가치를 우선한다. 학생과 교사가 공동의 문제를 토론하고 의사결정하고 숙의민주주의가 촉구되는 회의와 인간과의 관계를 중시하는 학교공동체를 지향한다. 민주학교는 학교공동체를 학생은 물론이고 교사 또한 올바른 견해를 표명할 수 있는 장소로 본다. 민주주의는 아동 중심적 교실에서 자연스럽게 발달하지만, 그렇게 되도록 조직화된 전략 지원이 있어야 한다.

- 학생이 민주적 교실 안에서 민주적으로 해결할 수 있다는 믿음에서 출발해야 한다. 민주학교는 민주적으로 사는 법을 배운다. 민주학교는 다양한 사람들의 갖가지 요구가 충돌하는 공동체다. 민주학교는 민주적 공동체로서 구성원 모두가 존중받는 공동체를 지향한다.
- 민주학교는 학교의 구성원이 서로 존엄한 인간이라는 것을 깊이 인정하며, 개인의 전면적 발달을 목적으로 하는 전인의 형성에 관심을 둔다. 아이들은 처음부터 온전히 발달한 전인으로 간주되어 다른 사람과 마찬가지로 완전한 인권이 부여된다.
- 민주학교는 동의와 공감을 바탕으로 한 정의로운 권리를 보장하는 학교이다. 생산력 발전을 위한 창의성 교육과 함께 생산관계의 변화를 위한 사회정의 교육을 동시에 함양한다.
- 민주학교는 학교 담장 너머의 더 넓은 지역공동체에 참여하는 학교다. 민주학교는 학교를 지역적·국가적·세계적 공동체의 일원으로 이해한다.
- 민주학교는 민주주의를 지향하는 교사, 부모, 교육 관계자들에게 학교혁신의 과정과 경험을 생생하고 풍부하게 전달하면서 서로 믿음과 용기를 주는 안내자가 되어야 한다.

이러한 교육 목적을 위한 학교의 역할은 민주주의를 촉진하는 중심적 기관이 되어야 한다. 그렇게 함으로써 학교교육의 민주적 역할은 민주주의를 위한 토대를 더욱 공고하게 할 것이다. 또한 민주학교는 교육정책만의 일이 아니라 사회정책의 차원과 연동되어야 한다. 학교의 민주주의는 사회의 민주화를 위한 사람을 길러 내는 일이다.

민주교육(democratic education)은 원칙(principle)에 대한 것이라고 할 수 있다. 민주교육이 이루어질 수 있는 분위기를 확인하는 것은 개인과 집단 사이의 다양성과 상호존중에 대한 관용, 의견 형성에서의 증거 존중, 그러한 증거에 비추어 자신의 마음을 바꿀 가능성에 대해 기꺼이 열려 있음, 정치적 정보에 대한 비판적 입장을 가짐, 그리고 모든 사람이 인간으로서 동등한 사회적·정치적 권리를 갖는 것으로 간주하는 것이다(Trafford, 2008: 411-422).

다시 말해서, 민주주의에는 이성, 열린 마음, 공정성에 대한 강조가 있거나 있어야 한다. 이것들은 민주교육이 육성해야 할 가치의 일부이다. 학교는 미시사회여야 하고 현실 세계에서 일어나는 일을 반영해야 한다. 사회와 같은 학교는 정의(justice)의 체계와 공평성(equity)의 개념을 가지고 있다. 학생들은 정의 체제의 일부를 느낄 필요가 있으며, 민주적 의사결정의 고통과 좌절을 경험하기 위해 학교 환경 내부의 문제들을 다룰 필요가 있다.

모든 정치적 기획에서 중심이 되는 원리는 자치(自治, self-rule, self-government)가 핵심이다(Held, 2015: 501). 자치의 원칙은 공적 사안에 대해 숙의하고 참여할 모든 시민의 권리를 규정한다. 자치의 원칙은 적극적 시민이라는 이상을 유지하고 있다. 자치의 원칙은 현대 민주주의상의 모든 전통에서 필수적인 전제 요건으로 간주되어야 한다. 자치의 원칙은 정통성 있는 권력을 구분하기 위한 원칙이다. 즉, 그것은 민주적 동의의 기초를 명확히 하려는 관심을 나타낸다. 자치란 미시적 수준(개인 차원의 개별적 자율성과 자기결정)에서 인간이 의식적으로 판단할 수 있는 능력, 그리고 자기 성찰적이며 자기 결정적인 수 있는 능력을 의미한다. 나아가 자치는 거시적 수준

(전체 학교 차원의 집단적 결정에 참여)에서 민주적 공동체적 결정을 내리는 집단적 자치(collective self-governance)를 지향한다(Hope, 2019: 82).

민주학교에서는 학생의 자치활동이 중요하다. 학교에서 자치를 한다는 것은 말 그대로 학생들 스스로의 의사와 책임으로 학생문화를 만들어 갈 수 있도록 자유를 허용한다는 것이다. 학생들이 법정, 의회, 여러 위원회에 접근할 수 없으므로 시뮬레이션 활동을 통해서 그런 경험을 대신하게 할 수 있다. 물론, 참여는 민주주의의 핵심이기 때문에 민주주의를 주장하는 학교는 교사와 관련하여 단순히 개방적이고 협의적인 경영 방식으로 운영하는 것을 넘어섬을 말한다. 그것은 필연적으로 모든 이해 당사자들이 관여하고 발언권이 있어야 한다는 것을 함의한다. 그러므로 민주적인 학교교육의 기본 원칙은 학생들이 그들의 견해를 듣고 고려할 권리가 있다는 것이 원칙적으로 보장되고 실제로 장려되는 권리를 갖는 것이어야 한다(Trafford, 2008: 411).

자치의 원칙은 학교 민주주의의 실천적 요소로서 대의적 요소, 참여적 요소, 숙의적 요소가 중요하다. 이 모두 결사체 민주주의(associational democracy)의 특성을 반영하는 것이다. 여기에 필수적이고 균형 잡힌 세 기둥, 즉 학교 의사결정기구에 학생대표성 부여, 학생이 운영하는 조직구조, 교과과정 및 교실 내의 참여적 접근 방식을 들 수 있다. 모든 민주주의 국가는 다양한 차원에서 다양한 방법과 수단을 통해 민주적 학교 체계를 갖춰야 하는 것이다.

성장학교 모델(growth School model)

성장학교 모델은 아이를 개체적 존엄성, 가치 그리고 온전함을 지닌 전인적 인간으로 본다. 아이는 온전한 개인으로서 도야하는 존재이며, 단순히 미래를 준비하는 것이 아니라, 현재 아동의 실존적 삶을 존중하는 '인본주의'를 중요시한다. 이러한 생각은 아동 중심 진보주의 교육사상가들이 옹호하고 있다.

모든 학생이 달성할 전인적 교육 목표로서 성장과 발달을 설정하고, 모든 학생에게 주어지는 권리이자 자아실현을 향해 나아가는 과정으로서 학습자의 교육적 변화를 성장·발달로 이해하고자 한다. 무엇보다 학생의 성장·발달을 구현하려면 삶과 앎을 통합하는 교육적 관점을 세워야 한다. 오로지 미래의 삶을 위해 현재를 희생하는 장소가 아니라, 삶 자체가 전개되는 장소이어야 한다. 학생의 발달과 성장은 분명 학생의 잘 삶/행복을 북돋기 위해 교육자가 어떻게 가르쳐야 하는지, 교실의 학습 환경을 어떻게 조직해야 하는지를 결정짓는 핵심 장소이다. 모든 학교는 하나도 소외됨 없이 모든 학생의 앎과 삶이 동시에 성장·발달할 수 있도록 도와주는 장소가 되어야 한다. 그 결과 학생들이 바로 오늘 학교에서 행복한 삶을 살게 하고, 학교에서 배우고 익힌 것을 갖고서 미래 사회를 주체적으로 살아가게끔 꿈을 품게 하고, 그럴 역량을 길러 주어야 한다.

따라서 '미래학교'는 '발달적(developmental)'이어야 한다는 철학에 바탕을 두고 있다. 아동의 발달적 활동과 발달적 학습에 초점을 둔 '성장을 위한 학교(schools for growth)'는 근대적이기보다 포스트모던적이고 대안적이며, 결과물 중심이기보다는 과정 중심적이며, 진리 검증 또는 지식 기반이기보다는 관계적이고 활동 중심적이다. 발달적 환경/공동체를 건설하고자 하는 사회적 구성주의와 해체주의 운동을 지향하고 있다.

발달교육에 바탕을 둔 서드베리 밸리 학교(Sudbury Valley School)(Holzman, 1997)는 비고츠키의 사회문화적이고, 문화역사적이며, 활동이론적 심리학에 바탕을 두고 있다. 비성장적 세상에서 학교가 성장적이 될 수 있는 급진적/변혁적 대안교육/대안적 학교운동을 추구하고 있다. 1968년 미국의 매사추세츠 프레이밍햄에 설립한 이 학교는 교육의 자유, 민주적 거버넌스(직접민주주의), 개인적 책임을 강조하는 사립학교이다.

인문학교 모델(humanist school model)

2,500여 년 전부터 내려온 그리스·로마의 후마니타스(humanitas)와 유교 및 불교로부터 기인한 인간화 교육(humanistic education)은 지혜, 정의, 인간다움, 평화와 조화 등의 중심적 덕목으로 구성되어 있다(Aloni, 2011: 35).

전인교육/인간화교육의 현대적 담론은 합리성, 자율성, 그리고 인간의 전통에 대한 지식의 계발이 사람의 선택의지 강화, 세계 전체에서 학습/학문의 효능성 개발을 학습하도록 하는 '문화적-고전주의 접근(cultural-classical tradition)', 학습을 정서적·창조적으로 보고, 개인의 관심/흥미에 공간을 제공하는 것이 학습자에게 의미 있는 학습으로 만들고, 진정한 감정을 제공하는 것임을 보여 주는 '자연주의적-낭만주의적 접근(naturalistic-romantic tradition)', 인간다운 삶을 살아가도록 도덕적 책임을 다하는 자신의 의미체계, 세계관, 그리고 실천을 계발시키지 않으면 안 된다는 '실존주의적 접근(existential tradition)', 사회적·정치적 힘이 약한 사람들은 개인의 발달과 번영과 학습에 있어 불평등한 사회적·정치적관계의 세계 속에서 취약한 상태에 놓여 있기에 인간다운 삶을 살 수 있는 가능성이 사회에서 공평하게 배분되어야 한다는 '비판적-급진적 접근 방식(critical-radical tradition)'으로 나타나고 있다(Veuergelers, 2011: 1-2).[38]

아동은 온전한 개인으로서 도야하는 존재이며, 단순히 미래를 준비하는 것이 아니라, 현재 아동의 실존적 삶을 존중한다는 휴머니즘 사상에 바탕을 두고 있다. 고전적 문화주의, 낭만적 자연주의, 인간적 실존주의, 그리고 비판적 급진주의의 통합적 접근에 바탕을 둔 인문교육(Humanist/humanistic education) 이념을 구현하고자 하는 이스라엘의 '인문학교(Humanist Schools)'가 대표적이다(Aloni, 2016).

인문윤리, 민주적 정치 및 시민성, 평화문화, 상호문화주의, 폭넓은 열린 마음, 합리적·비판적 사고, 인권, 평등한 교육 기회, 환경적 지속가능성, 갈등하는 서사, 정치적 극단주의, 사회적 격변 문제를 다룬다. 아동 중심 교육, 체험학습, 관대한 도덕성, 진정한 자아실현 등의 이론이 동원된다. 소크라테스, 공자, 탈무드에서 시작하여 니체, 부버, 코르차크, 로저스, 가다머, 하버마스, 프레이리, 나딩스, 레비나스, 아도르노 등을 통한 인문적-대화적 교육학(Humanistic-Dialogic Pedagogy)을 구성하고 있다. 인문학교로는 Ganim 인문실험학교, El-Zaharah Arab 인문학교, Bialis-Rogozin 다문화학교가 대표적이다.

38) 최근 '비판적 생태교육학(critical eco pedagogy)'로 [illegible]하고 있다.

좋은 학교 모델(good school model)

교육의 중요한 의미를 제공하는 '좋은 학교(good school)'의 목적은 학습의 공동체이고, 잘 교육받은 젊은이를 길러 내는 데 있다. 좋은 학교는 인간적 학교(personal school)이다. '인간적 학교'의 작동 모델은 역동적이며, 창조적이고 상상적 존재로서의 인간 이상(ideals of persons)을 포함한다. 교육의 이상적 인간상은 기독교적 인간, 고전적/그리스적 인간(전인성), 합리적(개별적/자율적) 인간, 인문적 인간(자아실현), 경제적 인간(자유시장적 인간)이다(Ungoed-Thomas, 1997: 31-51). 인간적 학교상은 가톨릭학교와 종합학교(comprehensive school)에서 잘 보여 준다.

좋은 학교는 사람들의 결합체로서 교육과정(가르침과 배움, 조직화된 지식과 사고체제를 선정한 요소들의 탐구와 적용 등)[39]이 집행되는 학교이며, 제도로서 또는 공동체로서의 학교 등 여러 가지 교육의 장들을 포괄하고 있다. 좋은 학교 내에서 교육에 내재한, 그리고 학교의 목적 및 의도의 성취에 기여하는 가치 있는 실천과 활동이 광범위하게 이루어진다(Ungoed-Thomas, 1997: 1-9).

인간은 상상력 세계에서 적극적 참여자이다. 인간은 스스로 정체성과 의미를 부여한다. 가치 있는 실천과 활동은 사람이 모인 학교에서 학문교육, 돌봄교육(pastoral education), 개인적·사회적 교육, 학교 전체 교육과정에서 가르침과 배움, 제도로서의 학교에서 관리적/행정적 문제, 공동체로서의 학교에서 사회적 네트워킹 문제를 포함한다. 좋은 학교는 쉽게 인지할 수 있는 지적·도덕적 자질인 특별한 특성, 그리고 교육적으로 의미를 갖는 사람 존중, 진리, 정의, 그리고 책임의식을 갖고 있다(Ungoed-Thomas, 1997: 5).

좋은 학교에서의 이런 자질은 교육의 여러 장에서 가치 있는 실천과 연결되어 있다. 이러한 특성들은 교육의 필수 덕목인 인간적 학교로서의 인간(나와 남) 존중, 학교 전체 교육과정으로서의 진리,[40] 제도로서 학교의 '정의', 공동체 학교로서의 '책임'이 강조되고 있다. 교육과정이 진리와 정의 및 책임의 가치가 결여되어 있다면, 가르치고 배우는 내용과 방법은 학생들에게, 그리고 진정 사회에서 지적으로, 도덕적으로, 그리고 실제에서 무시될 것이다.

각 학교는 학생들이 이론과 실천에서 정의와 책임에 대해 배울 수 있도록 최선을 다해야 한다. 정의와 책임은 사회적 덕목이다. 민주주의에서 정의와 책임은 학교에서 정의와 책임의 사회적 덕목을 가르치는 것으로 이어진다. 정의의 덕목을 최우선으로 하는 조직적·행정적 틀인 '제도로서의 학교'와 책임의 덕목을 최우선으로 하는 사회적 관계의 네트워크를 제공하는 '공동체로서의 학교'는 상호의존적이다. 정의로운 제도와 책임 있는 공동체로서의 학교는 생각하고, 창의적이고, 반성적이고, 자각하는 사회이다(Ungoed-Thomas, 1997: 126-133).

좋은 학교의 목적과 의도는 학생들의 지적, 도덕적, 육체적, 사회적, 문화적, 예술적 발달을 충분하게 그리고 균형적으로 촉진하는 데 있다. 좋은 학교는 목적과 목표, 그리고 특별한 실천의 세세한 사항에서 서로 다르다, 하지만 각각의 중요성을 공통으로 인식하고 있고, 통합적으로 관련된 목적을 확인할 필요가 있다. 무엇보다도 좋은 학교는 존중, 진리, 정의, 책임의

39) 교육과정은 진리의 전투장이라고 할 수 있다.

40) 진리(truth)에 대한 견해는 헤겔, 마르크스, 니체, 데리다, 포퍼, 머독 등 다양한 학자들을 거론하고 있다. 진리관은 상응론, 정합론, 형이상학론 등이 소개된다.

도덕적 자질의 중요성을 매우 중시한다(Ungoed-Thomas, 1997: 8-9). 그리고 이러한 교육적 실천들이 그러한 덕목들을 통합하고, 학생들은 그러한 덕목들을 드러낸다.[41]

좋은 학교의 비전은 좋은 사회(good society)[42]의 구상 속에서 이루어져야 한다. 그리고 학교체제는 우선적으로 사회정치적 준거보다는 교육적 준거와 관련하여 판단되어야 한다(Ungoed-Thomas, 1997: 154-156). 교육적 준거는 기존의 사회정치적 질서를 변화시키는 데 두어야 한다. 존중, 진리, 정의, 책임의 가치는 사회정치적 질서의 규범을 견인하는 도덕적 요소들이다. 모든 인간은 사회에서 가치 있는 존재로 존중되어야 한다.

여기에서 가치 있는 사람이 되는 것이 무엇을 의미하는지에 대한 교육적 이상이 존중된다. 또 서로 다른 진리의 중요성이 인정된다. 체제는 정의에 터하고 있다. 모든 학생의 권리가 확인되고 준수된다. 관심과 기회의 평

41) 이들 덕목들은 인격과 민주주의가 통합된 덴마크의 에프터스콜레와 닮아 있다.

42) 선택과 자유를 중요하게 생각하고, 기회와 실질적 자유를 증진하는 사회가 '좋은 사회'이다(Nussbaum, 2017: 33). 누스바움은 사람을 목적으로 보고, 선택의 자유를 중요하게 생각하고, 기회와 실질적 자유를 증진하는 사회가 '좋은 사회'라고 주장한다(Nussbaum, 2017: 33). 시민에게 인간 존엄성에 걸맞은 삶의 조건을 제공하지 못하는 사회는 '정의로운 사회'가 아니다. '품위 있는 사회(decent society)'란 연약한 인간성을 부정하지 않고, 개인이 지닌 역량이 발현될 수 있는 촉진적 환경을 제공하는 사회라고 할 수 있다. 좋은 사회는 품위와 정의가 결합된 사회이다. 품위와 정의는 때로 갈등하지만 기본적으로 인간 존엄성을 위해 공존해야 한다. 정의로운 사회와 품위 있는 사회는 분리될 수 없다. '정의로운 사회(just society)'는 각자가 기여한 바에 따라 서로 급이 다를 수밖에 없는 그런 사회적 영예의 분배와 관련이 있으며, '품위 있는 사회'는 등급을 매길 수 없는 그런 영예의 훼손이 없는 사회라고 할 수 있다. '정의로운 사회'가 문제 삼는 사회적 영예는 한 사회의 가치평가의 잣대에 따라 성원들에게 그들의 서로 다른 기여나 공헌에 따라 차등적으로 배분되지만, '품위 있는 사회'에서는 모든 성원에게 그가 단지 사람이라는 이유만으로 똑같은 정도로 인간으로서의 존엄성이 보장된다(장은주, 250-251). 인간의 존엄성을 보장하기 위한 '품위 있는 사회'의 기획은 모든 사람에 대한 평등한 존중의 요구에서 출발하는 '정의로운 사회'의 기획을 내적으로 필요로 한다(장은주, 2007: 267). 따라서 양자를 지나치게 대비시키기보다 공존시키는 대안적 논의가 필요하다.

등은 실천된다. 시민성의 평등은 개방성, 참여성 및 응답성이 전체적으로 발생하고, 민주적 가치가 학교 내에서 준수되도록 보장한다. 성별, 민족/종족, 능력, 사회적 배경 또는 교육비 지불 능력을 포함하여 어떤 이유로도 학생을 차별하거나 유리하게 해서는 안 된다. 정의의 원칙을 지키고 교육에 관련된 모든 사람이 자신이 누리는 권리와 교육에 대한 헌신으로부터 비롯되는 책임을 행사하도록 장려할 의무를 적극적으로 인정한다.

5. 마을교육공동체와 미래교육의 연계

미래(未來)는 아직 오지 않았기 때문에 어떤 모습으로 다가올지 우리는 알지 못한다. '오지 않은 것'이란 의미의 한자 '未來'에 담긴 의미와 달리, 라틴어 '푸투룸(futurum)'에서 유래한 영어 단어 '퓨쳐(future)'에는 '미래에 될 어떤 것'이라는 의미가 담겨 있다. 현재를 잘 살지 못하면서 미래를 잘 살 수 없다. 미래란 흔히 현재와 무관하다고 착각하지만, 미래는 언제나 과거와 현재에 뿌리를 두고 있다. 미래는 이미 우리 곁에 와 있다. 다만 골고루 퍼지지 않았을 뿐이다.

따라서 정책결정자들은 '아직 도착하지 않은 미래'에 지나치게 들뜨지 말고 '이미 도착한 미래'에 대한 적응력과 대응력부터 높여 나가야 한다. 과거로의 회귀와 미래의 가능성이라는 동시적 형태를 취해야 한다. 이런 시각에서 본다면 미래는 아직 펼쳐진 세상은 아니지만 새롭게 '열어 가야 할 세상'이고, '지금까지 여기에' 집중하고 최선을 다할 때 자연스럽게 다가오는 신의 선물이기도 하다. 각자의 현재 속에 내재되어 있는 잠재태/가능태는 완전히 망가지고 완전히 더럽혀진 것들의 형태로 깊이 감춰져 있다(Eiland & Jennings, 김정아 옮김, 2018: 64-65). 이런 왜곡들 속에서는 '그 너머에 존재하는 참모습'을 알아볼 수 없다.

교육은 현재 속의 미래이다. 미래교육의 방향은 뒤돌아보고 둘러보고 내다보면서 결정되어야 한다. 학교교육의 미래 방향을 탐색할 때 '미래교육(future education)'을 '현재 교육'과 매우 다른 것처럼 인식하는 경향이 있다. 그런데 미래교육은 과거 교육으로부터 이어진 현재 교육의 연장선에 있다. 미래교육의 성공을 위해 과거 교육으로부터 교훈을 얻고 현재 교육 및 현재 학교가 안고 있는 문제를 잘 해결하는 것에서 출발해야 한다. 인간은 원하는 미래를 상상하고 설계하며 만들어 나갈 수 있는 존재라는 점을 전제한다면, '미래에 될 어떤 것'으로서 우리가 '원하는 미래'를 만들어 가는데 필요한 '미래교육'이란 무엇이고, 이런 것을 갖춘 사람을 길러 내기 위해 오늘날 우리 교육체제의 현실을 어떻게 변화시켜야 하는가?

지금까지의 지식과 정보 전달 중심의 교육과는 사뭇 결이 다른 '새로운 교육', 즉 혁신학교, 마을교육공동체 혹은 미래교육이라고 부르는데, 통칭하여 이를 '혁신교육'이라고 부른다. 혁신교육은 교과 성적과 입시 중심, 서열과 경쟁 중심이라는 우리 교육의 한계와 모순을 극복하고, 학생의 참된 성장과 발달을 촉진하기 위한 대안적 교육운동이나 교육정책이라고 할 수 있다(추창훈, 2020: 45-46).

현재의 교육은 과거와 미래 사이의 살아 있는 변증법적 활동이다. 미래교육의 과제는 과거를 복원하는 것이 아닌, 현재를 발굴하고 현재 속에서 감춰진 에너지를 해방시키는 일이어야 한다. 그러기에 현재를 깨어 있는 지금 이 시간으로 경험하도록 하는 교육이 필요하다. 인류 전체가 서로 연관성을 인식하고 유대감을 달성하는 것이 사회적·정치적 동물로서 인간이 달성할 수 있는 최상의 목표이며, 이런 상호의존성과 유대감을 바탕으로 지속가능한 미래 사회를 아름답게 열어 갈 수 있도록 협력하는, 책임감 있는 시민을 길러 내는 것이 미래교육의 목표여야 한다. 미래교육의 지향 원리는 배움에서의 학습자 주체화, 삶과 연계된 학습, 학습의 시공간 확장, 교육격차 해소이다.

마을교육공동체 사업은 미래를 지향하는 좋은 교육을 하자는 것이다. 마을교육공동체의 미래적 의미, 그리고 미래교육의 한 지향으로서의 '마을학교'는 미래를 대비하는 교육을 통해 마을을 향해 학교의 문을 활짝 열어야 한다. 마을교육공동체의 마을학교는 우리 교육의 최종 지향점이요, 삶과 교육의 오래된 미래이다. 지속가능성을 가진 마을교육공동체는 미래교육의 한 지표가 될 수 있다.

학교와 마을에 가로막힌 벽을 헐고, 사실 '오래된 미래교육'이라고 할 수 있는 마을과 학교가 서로 품어 안고 우리 아이들과 어른들이 함께 삶을 가꾸는 지역사회, 즉 '마을의 복원'이 매우 중요해지고 있다. 미래교육은 현재 교육의 과제를 완성해야 하는 동시에 새로이 전개될 미래 사회 및 교육의 전망도 준비하지 않으면 안 된다. 미래교육 체제는 경쟁적 입시 위주 교육을 확대하는 것이 아니라, 지역사회를 변화시키는 마을교육공동체운동으로 발전되어야 한다.

무엇보다 미래학교의 중심에는 미래 시민인 아이들이 중심에 있어야 한다. 미래 시민은 현재 시민의 연장선에 있다. 아동사랑과 세세사랑이 분리되지 않아야 한다. 교육자들의 책무는 오래된 세계(과거)와 새로운 세계(미래) 사이에 다리를 놓는 매개자의 일이다(Gordon & Green, 2001: 5). 마을교육공동체운동은 높은 학업성취를 내는 것보다 아이들을 좋은 인성을 지닌 책임 있는 시민, 참여하고 연대하는 시민, 비판적이고 정의로운 시민으로 자라나게 하는 공동체 구현을 이상으로 한다(심성보, 2019: 21). 현재 없는 미래 시민은 공허하다. 그래서 아이들은 '지금의 시민'이어야 한다는 주장이 제기되고 있다(Ross, 2012: 41). '비-시민'인 아이들/학생들이 순식간에 민주시민이 될 수 없기 때문이다. 시민성(citizenship)이란 돌보는 시민, 비판적 시민, 저항적 시민을 모두 포괄한다.[43] 미래의 시민성이 아니라, 현재의 시민성을 실천하고자 하는 '민주주의 실험'을 해야 한다(Biesta, 2014: 6).

6. 지방자치단체와 교육청의 협치 강화를 위한 제언

혁신교육지구 사업, 마을교육공동체 사업, 그리고 미래교육지구 사업의 경우 기초지자체와 교육지원청의 협치가 어려움을 겪고 있다. 이렇게 된 핵심적 요인은 기초 단위의 결정 권한이 없기 때문이다. 따라서 마을 민주주의/자치의 발전을 위해, 또 일반자치와 교육자치의 협치를 원활하게 하기 위해 읍·면·동의 기초단체장과 교육지원청의 교육장 공모제 또는 주민

43) 시민성에 대한 담론은 정치적 담론(국가와 시민사회 및 개인 사이의 관계, 개인의 의무와 국가 사이의 관계를 중시하는 그리스-로마의 정치적 전통: 비판적 시민, 의심하는 시민), 도덕적 담론(핵심적 윤리적 가치/덕목, 사회적 순응, 공동선을 중시하는 유태-기독교의 철학적 전통: 돌보는 시민, 계급적 시민, 개혁자로서 포용적 시민), 평등적 담론(억압과 빈곤 그리고 폭력으로부터의 자유로부터 시작하여 사회적 권리 및 자격에 이르기까지 개인의 권리를 둘러싼 인문적 전통: 저항적 시민)에서 논의된다(Arnot, 2009: 14).

직선제가 절실하다. 하지만 읍·면·동은 지자체의 하부 조직으로서 인사·행정 권한과 인적·물적 자원이 빈약한 실정이다. 현행 법제상 읍·면·동은 아무런 자치권도 갖고 있지 않다. 현행 법제에서는 유토피아 마을공동체 실현이 불가능하다. 지방자치단체인 시·군·자치구의 하부 행정기관에 불과하다. 읍·면·동의 주민자치기구인 주민자치회 역시 마을공동체를 만들 수 있는 주체가 될 수 없다.

마을과 지역의 교육과 경제 방식을 '공동체'로 묶으려면 인구, 예산, 행정, 시설과 공간 등에서 더욱 큰 힘과 자원이 필요하다. 적어도 기초지자체 정도는 나서야 이 새로운 일을 도모할 수 있다. 마을의 혁신은 그 기본적 출발선으로 가정의 변화와 함께 학교의 혁신이 수반되어야 하고, 이를 이루고자 하는 민주적 마음 및 태도의 변화도 동시에 이루어져야 한다.

한편 지역·국가·세계의 공진화가 요구되고 있다. 지역과 국가와 세계가 중층적으로 결합되어 발전해야 한다. 그래서 생긴 말이 위로부터 아래로, 아래로부터 위로, 중간에서 위아래로 작동하는 '글로내컬(glonacal)'이다. 세계사회/세계교육(global education)과 국가사회/국가교육(national education), 지역사회/마을교육(community education)이라는 삼중의 중층 체제가 'glonacal education'이다.

마을은 공통적으로 문제를 스스로 해결하면서 국가의 형성과 발전의 원동력이 되었다. 이제 마을공화국과 국가공화국, 그리고 세계공화국을 공존시켜야 한다. 마을공화국과 국가공화국은 또한 세계공화국과 통일공화국으로 발전하지 않으면 안 된다. 민주공화국은 마을공화국의 권력과 권한의 위임에 근거하여 존재하는 나라다. 대의민주제와 직접민주제의 결합으로 이루어진 민주공화국은 필연적으로 '마을공화국'을 통해 완성될 것이다.

국가의 민주화와 함께 마을의 민주화가 중요한 이유가 여기에 있다. 마을의 민주주의, 마을공화국의 건설 없는 국가공화국의 강화는 전체주의화의 위험이 있다. 마을공화국과 국가공화국은 또한 세계공화국과 통일공화국으로 발전하지 않으면 안 된다. 민주주의의 기반으로서 지방자치와 주민자치는 국가권력의 전제화를 방지할 수 있다. 분권과 자치를 통한 지방자치의 강화는 중앙정부의 원활한 국가 운영에 도움을 줄 것이다.

마을교육공동체운동은 주민자치와 교육자치의 결합으로 시민들이 주권자로 교육에 참여하는 사회운동의 성격을 갖고 있다. 기후위기와 코로나 발흥 등 비상한 상황에서 지방분권과 함께 시민주권과 의회주권 및 행정주권의 협치를 촉구하는 주민자치운동, 그리고 시민운동 및 마을운동의 협력적 관계의 활성화로 발전되어야 한다.

마을교육공동체를 촉진하기 위해 마을 주민을 교육의 주체로 세워야 하며, 마을의 공간이 어떻게 교육적으로 활용될 수 있을지를 파악하는 것이 중요하다. 마을 주민이 가지고 있는 전문성, 역량, 자질 등을 확인하여 어떤 사람을 어떤 교육의 주체로 어떻게 세울 것인지를 계획하기 위해서는 적절한 조사가 필요하다. 그리고 지역사회에서 마을의 새로운 탄생이 가능하려면 지역/마을의 '주체'가 출현해야 한다. 주체가 형성되지 않으면 새로운 마을의 탄생은 불가능하다. 지역 주민을 주체화하는 핵심에는 마을에 살고 있는 지역 주민의 시민화가 필연적이다. 마을공동체가 정의롭고 행복한 생태적 공동체로 발전할 수 있으려면, '나의 변화'도 동반되어야 한다.

나의 변화 없이 마을이 변화될 수 없기 때문이다. 그리고 학부모는 아이들의 부모임과 동시에 그 마을의 가장 중심적인 지역민이기 때문에 학부모의 주체화 관점이 요구된다. 교육 주체로서 학부모의 참여는 매우 중요한데, 이들이 단순히 학부모가 아니라 마을 내 주민이 주체로 활동에 참여해야 지속가능성이 담보될 수 있다.

무엇보다도 시급한 것은 지역과 마을의 소멸을 막아야 한다. 이를 위해 서울 중심의 대학서열체제를 완화 또는 해소해야 한다. 지방 국공립대학의 권역별 연합체제(공동입학제와 공동학위제)를 구축해야 한다. 이를 위해 지역 국공립대학의 등록금을 획기적으로 줄여야 한다. 그리고 지역 생태도시의 정체성을 지키면서 3E(생태·경제·교육) 정책을 교육도시의 기본 전략으로 삼아야 한다. 교육과 생태를 기반으로 경제를 특화시키는 순환적 성장 전략을 세워야 한다. 교육을 동력으로 로컬형 인재가 키워지고, 그 주체가 경제와 문화를 성장시키는 생태, 문화, 역사를 잘 아는 사람을 길러 내야 한다. 지역의 경제적 주체로 지역문화를 만들어 가는 성장의 동력은 '사람'이다. 아이들의 꿈을 키우는 행복마을 만들기를 위해 기초지방정부가 '로컬 교육'의 중심에 서야 한다. 코로나19도 지역과 지역의 삶에 중대한 전환점이 될 것이다. 이제 마을교사의 역할 전환을 모색해야 한다. 코로나19로 인한 물리적인 교육 상황의 한계와 불확실한 교육환경에서 안정적이고 상시적인 교육환경 시스템을 정비하고 마련해야 한다.

촛불 이후의 대안적 전망과 주체 형성의 미비가 역사적으로 반복되어서는 안 된다. 그 시간들 가운데는 역사의 분기점으로 작용했던 파괴의 순간이나 변혁의 순간이 있었다. 어떤 시간 속에서 역사는 진전했고, 어떤 시간 속에서 역사는 다시 퇴행했다. 우리는 역사 속에서 수많은 궐위의 시간들, 공백의 시간들을 경험하였다. 오늘 우리가 맞은 아직 쓰이지 않은 이 시간도 숱하게 흘려보낸 궐위의 시간들 위에 있는 것일 수 있다. 이는 위기이지만, 놓쳐 버린 역사를 새롭게 쓸 기회이기도 하다. 거대한 전환이 이루어지는 시점에 궐위 시기를 잘 넘길 구심점이 필요하다. 우리가 미래의 불확실성을 줄여 궐위/공백 시간을 단축시키려면, 정의로운 생태복지국가의 새판짜기를 도모하는 담대한 전환의 교육정치가 요구된다.

교육의 대전환은 사회의 대전환을 필요로 하기에 어미 닭과 알 속 병아리의 관계처럼 안과 밖의 동시적 작용, 즉 줄탁동시(啐啄同時)가 이루어져야 한다. 학교 안과 밖의 동시적 혁신을 요구한다. 포스트 코로나 시대를 맞이하여 한국 교육의 대전환을 위한 거대한 변혁의 물길을 내야 한다. 우리 모두 그 물꼬를 내는 거대한 전환의 주체자가 되어야 한다.

교육혁명은 시냇물, 지류가 모여서 강이 되고 다시 거대한 바다를 이루는 과정과도 같다. 강물은 오늘도 흐르고 내일도 흐른다. 오늘의 강이 내일의 강일 수 없다. 교육혁명도 강물처럼 끊임없이 흐른다. 교육혁명은 단칼의 승부가 아니다. 교육혁명이 시냇물에서 바다에 이르는 과정은 수많은 욕망이 합쳐지고 여과되는 과정이기도 하다. 그래서 교육혁명은 지속성이 중요하다. 교육혁명은 무엇보다도 그러한 지속성을 담아내는 거대한 그릇을 준비해야 한다.

물론 그 그릇의 형태는 시대에 따라 달라진다. 산업화 시대에는 긴장이 요구되는 그릇이 필요했지만, 공생을 추구하는 21세기에는 느슨하지만 거대한 연대의 그릇이 필요하다. 또 체제 속에 살고 있는 사람들의 의식 변화와 세계관 변혁은 필수적이다. 새로운 사회체제와 새로운 교육체제가 상호작용하며 의존하는 다양한 형태의 진보적/혁신적/급진적 교육이 필요하다. 이제 한국 사회의 대변화를 예고하는 문명적 전환기에 민주주의와 생태주의 구현을 위한 정치적 질서와 함께 사회적, 경제적, 교육적 질서가 동시에 출현해야 한다. 이것이 대한민국의 시대정신이다.

참고문헌

강영택(2017). 『마을을 품은 학교공동체』. 민들레.

박민형(2021). 「학교 없는 대안교육, 어디 없을까」. 『녹색평론』 180, 9-10월, 녹색평론사.

성열관 외(2019). 『학교는 어떤 공동체인가?』. 살림터.

심성보(2018). 『한국 교육의 현실과 전망: 세계교육의 담론과 운동, 그리고 민주시민교육』. 살림터

심성보(2019). 「관계의 상실과 마을교육공동체운동의 요청」. 한국교육연구네트워크(엮음). 『마을교육공동체운동의 세계적 동향과 전망』. 살림터.

심성보(2021). 『코로나 시대, 마을교육공동체운동과 생태적 교육학』. 살림터.

양병찬(2019). 「한국 마을교육공동체운동과 정책의 상호작용: 학교와 지역의 관계 재구축 관점에서」. 심성보 외. 『마을교육공동체운동: 세계적 동향과 전망』. 살림터.

이용운(2020). 「마을결합형 학교교육의 실천적 의미」. 『서울의 마을교육』. 살림터.

이윤미(1919). 「번스타인의 교수 기제와 교육에서의 거시-미시 구조」. 『비판적 실천을 위한 교육학』. 살림터.

이인희(2020). 『마을로 돌아온 학교: 마을교육학의 기초』. 교육과학사.

추창훈(2020). 『로컬이 미래다』. 에듀니티.

Allen, G.(1987). *Community Education: An Agenda for Educational Reform.* Milton: Open University.

Apple, M. & Beane, J. A.(2015). 『민주학교』. 강희룡 외 옮김. 살림터.

Biesta, G.(2011). *Learning Democracy in School and Society: Education, Lifelong and the Politics of Citizenship.* Rotterdam: Sense Publishers.

Biesta, G.(2014). Learning in Public Places: Civic Learning for the Twenty-First Century. Biesta, G. Bie, M. & D. Wildemeersch(Eds.), *Civic Learning, Democratic Citizenship and the Public Sphere.* Leuven: Springer.

Biesta, G.(2019. 6. 22). '민주주의, 시민성 그리고 교육: 의제에서 원칙으로'. <배움을 넘어서: 미래를 위한 민주시민교육>, 학교민주시민교육 국제포럼. 한계레신문사/4개 교육청.

Carter, S.(1998). *Civility: Manners, Morals, Etiquette of Democracy.* Basic Books.

Carr, W. & Hartnett, A.(1996). *Education and the Struggle for Democracy: The Politics of Educational Ideas.* Buckingham: Open University Press.

Clark, D.(1996). *School as Learning Communities.* Cassell.

Derry, J.(2013). *Vygotsky: Philosophy and Education.* WileyBlackwell.

Dewey, J.(2007). 『민주주의와 교육』. 교육과학사.

Eiland & Jennings(2018). 『발터 벤야민 평전』. 김정아 옮김. 글항아리.

Field, J.(2011). Lifelong Learning and Community, P. Jarvis(Ed.). *The Routledge International Handbook of Lifelong Learning.* Routledge.

Gordon, M. & Green, M.(2001). *Hannah Arendt and Education.* Westview Press.

Gruenewald, D. A. & Smith, G. A.(2010). *Place-Based Education in the Global Age: Local Diversity.* New York & London: Routledge.

Hargreaves, A. & Shirley, D.(2015). 『학교교육 제4의 길 1』. 21세기 교육연구소.

Held, D.(2015). 『민주주의의 모델들』. 박찬표 옮김. 후마니타스.

Holzman, L.(1997). *Schools for Growth: Radical Alternatives to Current Educational Models.* Routledge.

Hope, M. A.(2019). *Reclaiming Freedom in Education: Theories and Practices of*

Radical Free School Education. Routledge.

Jarvis, P.(2010). *Adult Education and Lifelong Learning: Theory and Practice.* Routledge.

Johnson, R.(2014). Community Education and Lifelong Learning; Local Spice for Global Fare, J. Field & M. Leicester(Eds.), *Lifelong Learning: Education across the Lifespan.* Routledge.

Kahn, R.(2010). *Critical Pedagogy, Ecoliteracy, & Planetary Crisis: The Ecopedagogy Movement.* Peter Lang.

Kahn, R. & Keller, D.(2008). Paulo Freire and Ivan Illich: Technology, Politics, and the Reconstruction of Education, C. A. Torres & P. Noguera(eds.), *Social Justice Education for Teachers: Paulo Freire and the Possible Dream.* Sense.

Keller, D.(2010), Afterword, Mediating Critical Pedagogy and Critical Theory: Richard Kahn's Ecopedagogy. R. Kahn. *Critical Pedagogy, Ecoliteracy, & Planetary Crisis: The Ecopedagogy Movement.* Peter Lang.

Liebel, A.(2012). Citizenship from Below: Children's Rights and Social Movement, A. Invernizzi & J. Williams(Eds.), *Children and Citizenship.* Sage.

Mignolo, W. D.(2018).『서구 근대성의 어두운 이면』. 김영주 외 옮김. 현암사.

Misiaszek, G. W.(2020), *Ecopedagogy: Critical Environmental Teaching for Planetary Justice and Global Sustainable Development.* Bloomsbury Academic.

Moore, R.(2007). *The Sociology of Knowledge and Education.* Continuum.

Muller, J.(2016). *Reclaiming Knowledge: Social Theory and Curriculum and Educational Policy.* RoutledgeFalmer.

Mouffe, C.(2007).『정치적인 것의 귀환』. 이보경 옮김. 후마니타스 .

Noddings, N.(2016).『21세기 교육과 민주주의: 개인적 삶, 직업적 삶, 그리고 시민적 삶을 위한 교육』. 심성보 옮김. 살림터.

Paterson, L.(2015). *Social Radicalism and Liberal Education.* IA.

Rodriguez, O. C. Hernández, L. V. & Martin, Z. M.(2021). *Environmental education from community approaches.* OmniScriptum Publishing.

Ruitenberg, C.(2011). Education, Conflict and the Political. *Studies in Philosophy and*

Education, 30, 97-100.

Ross, A.(2012). The Citizenship Agenda, P. Cowan & Malitles(Eds.), *Teaching Controversial Issues in the Classroom*. Continuum.

Sant, E. Davies, I. Pashby, K. Schultz, L.(2021). 『세계시민교육』. 심성보·조우진·유성상 옮김. 다봄교육.

Sergiovani, T.(2004). 『학교 공동체 만들이기』. 주철안 옮김. 에듀케어.

Smith, G. A. & Sobel, D.(2010). *Place- And Community-Based Education in Schools*. New York & London: Routledge.

Steel, S.(2018). 『지식은 과거지만 지혜는 미래이다』. 박수철 옮김. 이룸북.

Thayer-Bacon, B. J.(1998). *Philosophy Applied to Education: Nurturing a Democratic Community in the Classroom*. Merill.

Tillich, P.(2006). 『존재의 용기』. 차성구 옮김. 예영커뮤니케이션.

Trafford, B.(2008). 'Democratic Schools: Towards a Definition', J. Arthur, I. Davies & C. Hahn(Eds.), *Education for Citizenship and Democracy*. Sage.

Ungoed-Thomas(1997). *Vision of a School: The Good School in the Good Society*. Continuum.

Waghid, Y.(2014). *Pedagogy Out of Bounds: Untamed Variations of Democratic Education*. Sense.

West-Burnham & Farrar, M.(2007). *Schools and Communities: Working Together to Transform Children's Lives*. Continuum.

Winter, M.(2014). Subjectificating Socialization for the Common Good: The Case for a Democratic Offensive in Upbringing and Education. G. Biesta, M. Bie & D. Wildemeersch(Eds.), *Civic Learning, Democratic Citizenship and the Public Sphere*. Leuven: Springer.

Wright, O.(2012). 『리얼 유토피아』. 권화연 옮김. 들녘.

Wrigley, T., Thomson, P., & Lingard, B.(2012). *Changing Schools: Alternative Ways to World of Difference*. London & New York: Routledge.

Young, M.(2019). *Knowledge and the Future School: Curriculum and Social Justice*. Bloomsury.

삶의 행복을 꿈꾸는 교육은 어디에서 오는가?

미래 100년을 향한 새로운 교육

혁신교육을 실천하는 교사들의 **필독서**

교육혁명을 앞당기는 배움책 이야기 혁신교육의 철학과 잉걸진 미래를 만나다!

한국교육연구네트워크 총서

01 핀란드 교육혁명
한국교육연구네트워크 엮음 | 320쪽 | 값 15,000원

02 일제고사를 넘어서
한국교육연구네트워크 엮음 | 284쪽 | 값 13,000원

03 새로운 사회를 여는 교육혁명
한국교육연구네트워크 엮음 | 380쪽 | 값 17,000원

04 교장제도 혁명
한국교육연구네트워크 엮음 | 268쪽 | 값 14,000원

05 새로운 사회를 여는 교육자치 혁명
한국교육연구네트워크 엮음 | 312쪽 | 값 15,000원

06 혁신학교에 대한 교육학적 성찰
한국교육연구네트워크 엮음 | 308쪽 | 값 15,000원

07 진보주의 교육의 세계적 동향
한국교육연구네트워크 엮음 | 324쪽 | 값 17,000원
2018 세종도서 학술부문

08 더 나은 세상을 위한 학교혁명
한국교육연구네트워크 엮음 | 404쪽 | 값 21,000원
2018 세종도서 교양부문

09 비판적 실천을 위한 교육학
이윤미 외 지음 | 448쪽 | 값 23,000원
2019 세종도서 학술부문

10 마을교육공동체운동: 세계적 동향과 전망
심성보 외 지음 | 376쪽 | 값 18,000원

11 학교 민주시민교육의 세계적 동향과 과제
심성보 외 지음 | 308쪽 | 값 16,000원

12 학교를 민주주의의 정원으로 가꿀 수 있을까?
성열관 외 지음 | 272쪽 | 값 16,000원

한국교육연구네트워크 번역 총서

01 프레이리와 교육
존 엘리아스 지음 | 한국교육연구네트워크 옮김
276쪽 | 값 14,000원

02 교육은 사회를 바꿀 수 있을까?
마이클 애플 지음 | 강희룡·김선우·박원순·이형빈 옮김
356쪽 | 값 16,000원

03 비판적 페다고지는 세상을 변화시킬 수 있는가?
Seewha Cho 지음 | 심성보·조시화 옮김 | 280쪽 | 값 14,000원

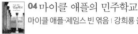

04 마이클 애플의 민주학교
마이클 애플·제임스 빈 엮음 | 강희룡 옮김 | 276쪽 | 값 14,000원

05 21세기 교육과 민주주의
넬 나딩스 지음 | 심성보 옮김 | 392쪽 | 값 18,000원

06 세계교육개혁: 민영화 우선인가 공적 투자 강화인가?
린다 달링-해먼드 외 지음 | 심성보 외 옮김 | 408쪽 | 값 21,000원

07 콩도르세, 공교육에 관한 다섯 논문
니콜라 드 콩도르세 지음 | 이주환 옮김 | 300쪽 | 값 16,000원
2019세종도서학술부문

08 학교를 변론하다
얀 마스켈라인·마틴 시몬스 지음 | 윤선인 옮김
252쪽 | 값 15,000원

09 존 듀이와 교육
짐 개리슨 외 지음 | 심성보 외 옮김 | 376쪽 | 값 19,000원

10 진보주의 교육운동사
윌리엄 헤이스 지음 | 심성보 외 옮김 | 324쪽 | 값 18,000원

11 사랑의 교육학
안토니아 다더 지음 | 심성보 외 옮김 | 412쪽 | 값 22,000원

비고츠키 선집 시리즈 발달과 협력의 교육학 어떻게 읽을 것인가?

생각과 말
레프 세묘노비치 비고츠키 지음
배희철·김용호·D. 켈로그 옮김 | 690쪽 | 값 33,000원

도구와 기호
비고츠키·루리야 지음 | 비고츠키 연구회 옮김
336쪽 | 값 16,000원

어린이 자기행동숙달의 역사와 발달 Ⅰ
L.S. 비고츠키 지음 | 비고츠키 연구회 옮김
564쪽 | 값 28,000원

어린이 자기행동숙달의 역사와 발달 Ⅱ
L.S. 비고츠키 지음 | 비고츠키 연구회 옮김
552쪽 | 값 28,000원

어린이의 상상과 창조
L.S. 비고츠키 지음 | 비고츠키 연구회 옮김
280쪽 | 값 15,000원

비고츠키와 인지 발달의 비밀
A.R. 루리야 지음 | 배희철 옮김 | 280쪽 | 값 15,000원

수업과 수업 사이
비고츠키 연구회 지음 | 196쪽 | 값 12,000원

비고츠키의 발달교육이란 무엇인가?
비고츠키교육학실천연구모임 지음 | 412쪽 | 값 21,000원

비고츠키 철학으로 본 핀란드 교육과정
배희철 지음 | 456쪽 | 값 23,000원

성장과 분화
L.S. 비고츠키 지음 | 비고츠키 연구회 옮김
308쪽 | 값 15,000원

연령과 위기
L.S. 비고츠키 지음 | 비고츠키 연구회 옮김
336쪽 | 값 17,000원

의식과 숙달
L.S 비고츠키 | 비고츠키 연구회 옮김
348쪽 | 값 17,000원

분열과 사랑
L.S. 비고츠키 지음 | 비고츠키 연구회 옮김
260쪽 | 값 16,000원

성애와 갈등
L.S. 비고츠키 지음 | 비고츠키 연구회 옮김
268쪽 | 값 17,000원

관계의 교육학, 비고츠키
진보교육연구소 비고츠키교육학실천연구모임 지음
300쪽 | 값 15,000원

비고츠키 생각과 말 쉽게 읽기
진보교육연구소 비고츠키교육학실천연구모임 지음
316쪽 | 값 15,000원

교사와 부모를 위한 비고츠키 교육학
카르포프 지음 | 실천교사번역팀 옮김 | 308쪽 | 값 15,000원

혁신학교
성열관·이순철 지음 | 224쪽 | 값 12,000원

행복한 혁신학교 만들기
초등교육과정연구모임 지음 | 264쪽 | 값 13,000원

서울형 혁신학교 이야기
이부영 지음 | 320쪽 | 값 15,000원

대한민국 교사, 어떻게 가르칠 것인가?
윤성관 지음 | 320쪽 | 값 15,000원

아이들을 어떻게 가르칠 것인가
사토 마나부 지음 | 박찬영 옮김 | 232쪽 | 값 13,000원

모두를 위한 국제이해교육
한국국제이해교육학회 지음 | 364쪽 | 값 16,000원

혁신교육, 철학을 만나다
브렌트 데이비스·데니스 수마라 지음
현인철·서용선 옮김 | 304쪽 | 값 15,000원

혁신교육 존 듀이에게 묻다
서용선 지음 | 292쪽 | 값 14,000원

다시 읽는 조선 교육사
이만규 지음 | 750쪽 | 값 33,000원

대한민국 교육혁명
교육혁명공동행동 연구위원회 지음 | 224쪽 | 값 12,000원

경쟁을 넘어 발달 교육으로
현광일 지음 | 288쪽 | 값 14,000원

독일 교육, 왜 강한가?
박성희 지음 | 324쪽 | 값 15,000원

핀란드 교육의 기적
한넬레 니에미 외 엮음 | 장수명 외 옮김 | 456쪽 | 값 23,000원

한국 교육의 현실과 전망
심성보 지음 | 724쪽 | 값 35,000원

4·16, 질문이 있는 교실 마주이야기 통합수업으로 혁신교육과정을 재구성하다!

통하는 공부
김태호·김형우·이경석·심우근·허진만 지음
324쪽 | 값 15,000원

내일 수업 어떻게 하지?
아이함께 지음 | 300쪽 | 값 15,000원
2015 세종도서 교양부문

인간 회복의 교육
성래운 지음 | 260쪽 | 값 13,000원

교과서 너머 교육과정 마주하기
이윤미 외 지음 | 368쪽 | 값 17,000원

수업 고수들
수업·교육과정·평가를 말하다
박현숙 외 지음 | 368쪽 | 값 17,000원

도덕 수업, 책으로 묻고 윤리로 답하다
울산도덕교사모임 지음 | 320쪽 | 값 15,000원

체육 교사, 수업을 말하다
전용진 지음 | 304쪽 | 값 15,000원

교실을 위한 프레이리
아이러 쇼어 엮음 | 사람대사람 옮김 | 412쪽 | 값 18,000원

마을교육공동체란 무엇인가?
서용선 외 지음 | 360쪽 | 값 17,000원

교사, 학교를 바꾸다
정진화 지음 | 372쪽 | 값 17,000원

함께 배움
학생 주도 배움 중심 수업 이렇게 한다
니시카와 준 지음 | 백경석 옮김 | 280쪽 | 값 15,000원

공교육은 왜?
홍섭근 지음 | 352쪽 | 값 16,000원

자기혁신과 공동의 성장을 위한
교사들의 필리버스터
윤양수·원종희·장군·조경삼 지음 | 280쪽 | 값 14,000원

함께 배움 이렇게 시작한다
니시카와 준 지음 | 백경석 옮김 | 196쪽 | 값 12,000원

함께 배움 교사의 말하기
니시카와 준 지음 | 백경석 옮김 | 188쪽 | 값 12,000원

교육과정 통합, 어떻게 할 것인가?
성열관 외 지음 | 192쪽 | 값 13,000원

학교 혁신의 길, 아이들에게 묻다
남궁상운 외 지음 | 272쪽 | 값 15,000원

미래교육의 열쇠, 창의적 문화교육
심광현·노명우·강정석 지음 | 368쪽 | 값 16,000원

주제통합수업, 아이들을 수업의 주인공으로!
이윤미 외 지음 | 392쪽 | 값 17,000원

수업과 교육의 지평을 확장하는 수업 비평
윤양수 지음 | 316쪽 | 값 15,000원
2014 문화체육관광부 우수교양도서

교사, 선생이 되다
김태은 외 지음 | 260쪽 | 값 13,000원

교사의 전문성, 어떻게 만들어지나
국제교원노조연맹 보고서 | 김석규 옮김 392쪽 | 값 17,000원

수업의 정치
윤양수·원종희·장군 지음 | 280쪽 | 값 14,000원

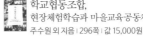

학교협동조합,
현장체험학습과 마을교육공동체를 잇다
주수원 외 지음 | 296쪽 | 값 15,000원

거꾸로 교실,
잠자는 아이들을 깨우는 수업의 비밀
이민경 지음 | 280쪽 | 값 14,000원

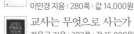

교사는 무엇으로 사는가
정은균 지음 | 292쪽 | 값 15,000원

마음의 힘을 기르는 감성수업
조선미 외 지음 | 300쪽 | 값 15,000원

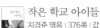

작은 학교 아이들
지경준 엮음 | 376쪽 | 값 17,000원

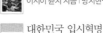

아이들의 배움은 어떻게 깊어지는가
이시이 쥰지 지음 | 방지현·이창희 옮김 | 200쪽 | 값 11,000원

대한민국 입시혁명
참교육연구소 입시연구팀 지음 | 220쪽 | 값 12,000원

교사를 세우는 교육과정
박승열 지음 | 312쪽 | 값 15,000원

전국 17명 교육감들과 나눈 교육 대담
최창의 대담·기록 | 272쪽 | 값 15,000원

들뢰즈와 가타리를 통해 유아교육 읽기
리세롯 마리엣 올슨 지음 | 이연선 외 옮김 | 328쪽 | 값 17,000원

학교 민주주의의 불한당들
정은균 지음 | 276쪽 | 값 14,000원

프레이리의 사상과 실천
사람대사람 지음 | 352쪽 | 값 18,000원
2018 세종도서 학술부문

혁신학교, 한국 교육의 미래를 열다
송순재 외 지음 | 608쪽 | 값 30,000원

페다고지를 위하여
프레네의 『페다고지 불변요소』 읽기
박찬영 지음 | 296쪽 | 값 15,000원

노자와 탈현대 문명
홍승표 지음 | 284쪽 | 값 15,000원

선생님, 민주시민교육이 뭐예요?
염경미 지음 | 244쪽 | 값 15,000원

어쩌다 혁신학교
유우석 외 지음 | 380쪽 | 값 17,000원

미래, 교육을 묻다
정광필 지음 | 232쪽 | 값 15,000원

대학, 협동조합으로 교육하라
박주희 외 지음 | 252쪽 | 값 15,000원

입시, 어떻게 바꿀 것인가?
노기원 지음 | 306쪽 | 값 15,000원

촛불시대, 혁신교육을 말하다
이용관 지음 | 240쪽 | 값 15,000원

라운드 스터디
이시이 데루마사 외 엮음 | 224쪽 | 값 15,000원

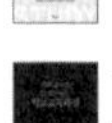

미래교육을 디자인하는 학교교육과정
박승열 외 지음 | 348쪽 | 값 18,000원

홍미진진한 아일랜드 전환학년 이야기
제리 제퍼스 지음 | 최상덕·김호원 옮김 | 508쪽 | 값 27,000원

폭력 교실에 맞서는 용기
따돌림사회연구모임 학급운영팀 지음 | 272쪽 | 값 15,000원

그래도 혁신학교
박은혜 외 지음 | 248쪽 | 값 15,000원

학교는 어떤 공동체인가?
성열관 외 지음 | 228쪽 | 값 15,000원

교사 전쟁
다나 골드스타인 지음 | 유성상 외 옮김 | 468쪽 | 값 23,000원

시민, 학교에 가다
최형규 지음 | 260쪽 | 값 15,000원

교육과정, 수업, 평가의 일체화
리사 카터 지음 | 박승열 외 옮김 | 196쪽 | 값 13,000원

학교를 개선하는 교장
지속가능한 학교 혁신을 위한 실천 전략
마이클 풀란 지음 | 서동연·정효준 옮김 | 216쪽 | 값 13,000원

공자뎐, 논어는 이것이다
유문상 지음 | 392쪽 | 값 18,000원

교사와 부모를 위한 발달교육이란 무엇인가?
현광일 지음 | 380쪽 | 값 18,000원

교사, 이오덕에게 길을 묻다
이무완 지음 | 328쪽 | 값 15,000원

낙오자 없는 스웨덴 교육
레이프 스트란드베리 지음 | 변광수 옮김 | 208쪽 | 값 13,000원

끝나지 않은 마지막 수업
장석웅 지음 | 328쪽 | 값 20,000원

경기 꿈의 학교
진흥섭 외 지음 | 360쪽 | 값 17,000원

학교를 말한다
이성우 지음 | 292쪽 | 값 15,000원

행복도시 세종, 혁신교육으로 디자인하다
곽순일 외 지음 | 392쪽 | 값 18,000원

나는 거꾸로 교실 거꾸로 교사
류광모·임정훈 지음 | 212쪽 | 값 13,000원

교실 속으로 간 이해중심 교육과정
온정덕 외 지음 | 224쪽 | 값 13,000원

교실, 평화를 말하다
따돌림사회연구모임 초등우정팀 지음 | 268쪽 | 값 15,000원

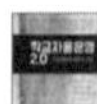

학교자율운영 2.0
김용 지음 | 240쪽 | 값 15,000원

학교자치를 부탁해
유우석 외 지음 | 252쪽 | 값 15,000원

국제이해교육 페다고지
강순원 외 지음 | 256쪽 | 값 15,000원

선생님, 페미니즘이 뭐예요?
염경미 지음 | 280쪽 | 값 15,000원

평화의 교육과정 섬김의 리더십
이준원·이형빈 지음 | 292쪽 | 값 16,000원

학교를 살리는 회복적 생활교육
김민자·이순영·정선영 지음 | 256쪽 | 값 15,000원

교사를 위한 교육학 강의
이형빈 지음 | 336쪽 | 값 17,000원

새로운학교 학생을 날게 하다
새로운학교네트워크 총서 02 | 408쪽 | 값 20,000원

세월호가 묻고 교육이 답하다
경기도교육연구원 지음 | 214쪽 | 값 13,000원

미래교육, 어떻게 만들어갈 것인가?
송기상·김성천 지음 | 300쪽 | 값 16,000원
2019 세종도서 교양부문

교육에 대한 오해
우문영 지음 | 224쪽 | 값 15,000원

혁신교육지구 현장을 가다
이용운 외 지음 | 348쪽 | 값 18,000원

배움의 독립선언, 평생학습
정민승 지음 | 240쪽 | 값 15,000원

서울의 마을교육
이용운 외 10인 지음 | 352쪽 | 값 18,000원

학습격차 해소를 위한 새로운 도전:
보편적 학습설계 수업
조윤정 외 3인 지음 | 225쪽 | 값 15,000원

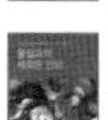
물질의 새로운 만남
베로니차 파치니-케처바우 지음 | 이연선 외 옮김
240쪽 | 값 15,000원

수포자의 시대
김성수·이형빈 지음 | 252쪽 | 값 15,000원

혁신학교와 실천적 교육과정
신은희 지음 | 236쪽 | 값 15,000원

삶의 시간을 잇는 문화예술교육
고영직 지음 | 292쪽 | 값 16,000원

혐오, 교실에 들어오다
이혜정 외 지음 | 232쪽 | 값 15.000원

혁신교육지구와 마을교육공동체는
어떻게 만들어지는가?
김태정 지음 | 376쪽 | 값 18,000원

선생님, 특성화고 자기소개서 어떻게 써요?
이지영 지음 | 322쪽 | 값 17,000원

학생과 교사, 수업을 묻다
전용진 지음 | 344쪽 | 값 18,000원

혁신학교의 꽃, 교육과정 다시 그리기
안재일 지음 | 344쪽 | 값 18,000원

교육혁신의 시대 배움의 공간을 상상하다
함영기 외 13인 지음 | 264쪽 | 값 17,000원

평화와 인성을 키우는 자기우정
따돌림사회연구모임 우정팀 지음 | 240쪽 | 값 15,000원

미래교육을 열어가는 배움중심 원격수업
하늘빛중학교 원격수업연구회 지음 | 332쪽 | 값 17,000원

살림터 참교육 문예 시리즈 영혼이 있는 삶을 가르치는 온 선생님을 만나다!

꽃보다 귀한 우리 아이는
조재도 지음 | 244쪽 | 값 12,000원

성깔 있는 나무들
최은숙 지음 | 244쪽 | 값 12,000원

아이들에게 세상을 배웠네
명혜정 지음 | 240쪽 | 값 12,000원

밥상에서 세상으로
김흥숙 지음 | 280쪽 | 값 13,000원

우물쭈물하다 끝난 교사 이야기
유기창 지음 | 380쪽 | 값 17,000원

오천년을 사는 여자
염경미 지음 | 272쪽 | 값 16,000원

선생님이 먼저 때렸는데요
강병철 지음 | 248쪽 | 값 12,000원

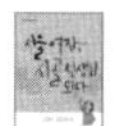
서울 여자, 시골 선생님 되다
조경선 지음 | 252쪽 | 값 12,000원

행복한 창의 교육
최창의 지음 | 328쪽 | 값 15,000원

북유럽 교육 기행
정애경 외 14인 지음 | 288쪽 | 값 14,000원

시험 시간에 웃은 건 처음이에요
조규선 지음 | 252쪽 | 값 15,000원

다정한 교실에서 20,000시간
강정희 지음 | 296쪽 | 값 16,000원

교과서 밖에서 만나는 역사 교실 상식이 통하는 살아 있는 역사를 만나다

전봉준과 동학농민혁명
조광환 지음 | 336쪽 | 값 15,000원

남도의 기억을 걷다
노성태 지음 | 344쪽 | 값 14,000원

응답하라 한국사 1·2
김은석 지음 | 356쪽·368쪽 | 각권 값 15,000원

즐거운 국사수업 32강
김남선 지음 | 280쪽 | 값 11,000원

즐거운 세계사 수업
김은석 지음 | 328쪽 | 값 13,000원

강화도의 기억을 걷다
최보길 지음 | 276쪽 | 값 14,000원

광주의 기억을 걷다
노성태 지음 | 348쪽 | 값 15,000원

선생님도 궁금해하는 한국사의 비밀 20가지
김은석 지음 | 312쪽 | 값 15,000원

걸림돌
키르스텐 세룹-빌펠트 지음 | 문봉애 옮김
248쪽 | 값 13,000원

역사수업을 부탁해
열 사람의 한 걸음 지음 | 388쪽 | 값 18,000원

진실과 거짓, 인물 한국사
하성환 지음 | 400쪽 | 값 18,000원

우리 역사에서 사라진 근현대 인물 한국사
하성환 지음 | 296쪽 | 값 18,000원

꼬물꼬물 거꾸로 역사수업
역모자들 지음 | 436쪽 | 값 23,000원

즐거운 동아시아사 수업
김은석 지음 | 240쪽 | 값 15,000원

노성태, 역사의 길을 걷다
노성태 지음 | 324쪽 | 값 17,000원

혁신학교 역사과 교육과정과 수업
황현정 지음 | 236쪽 | 값 15,000원

교과서 밖에서 배우는 역사 공부
정은교 지음 | 292쪽 | 값 14,000원

팔만대장경도 모르면 빨래판이다
전병철 지음 | 360쪽 | 값 16,000원

빨래판도 잘 보면 팔만대장경이다
전병철 지음 | 360쪽 | 값 16,000원

영화는 역사다
강성률 지음 | 288쪽 | 값 13,000원

친일 영화의 해부학
강성률 지음 | 264쪽 | 값 15,000원

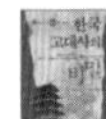
한국 고대사의 비밀
김은석 지음 | 304쪽 | 값 13,000원

조선족 근현대 교육사
정미량 지음 | 320쪽 | 값 15,000원

다시 읽는 조선근대 교육의 사상과 운동
윤건차 지음 | 이명실·심성보 옮김 | 516쪽 | 값 25,000원

음악과 함께 떠나는 세계의 혁명 이야기
조광환 지음 | 292쪽 | 값 15,000원

논쟁으로 보는 일본 근대 교육의 역사
이명실 지음 | 324쪽 | 값 17,000원

다시, 독립의 기억을 걷다
노성태 지음 | 320쪽 | 값 16,000원

한국사 리뷰
김은석 지음 | 244쪽 | 값 15,000원

경남의 기억을 걷다
류형진 외 지음 | 564쪽 | 값 28,000원

어제와 오늘이 만나는 교실
학생과 교사의 역사수업 에세이
정진경 외 지음 | 328쪽 | 값 17,000원

우리 역사에서 왜곡되고 사라진
근현대 인물 한국사
하성환 지음 | 348쪽 | 값 18,000원

더불어 사는 정의로운 세상을 여는 인문사회과학 사람의 존엄과 평등의 가치를 배운다

밥상혁명
강양구·강이현 지음 | 298쪽 | 값 13,800원

도덕 교과서 무엇이 문제인가?
김대용 지음 | 272쪽 | 값 14,000원

자율주의와 진보교육
조엘 스프링 지음 | 심성보 옮김 | 320쪽 | 값 15,000원

민주화 이후의 공동체 교육
심성보 지음 | 392쪽 | 값 15,000원
2009 문화체육관광부 우수학술도서

갈등을 넘어 협력 사회로
이창언·오수길·유문종·신윤관 지음 | 280쪽 | 값 15,000원

동양사상과 마음교육
정재걸 외 지음 | 356쪽 | 값 16,000원
2015 세종도서 학술부문

교과서 밖에서 배우는 철학 공부
정은교 지음 | 280쪽 | 값 14,000원

교과서 밖에서 배우는 사회 공부
정은교 지음 | 304쪽 | 값 15,000원

교과서 밖에서 배우는 윤리 공부
정은교 지음 | 292쪽 | 값 15,000원

한글 혁명
김슬옹 지음 | 388쪽 | 값 18,000원

우리 안의 미래교육
정재걸 지음 | 484쪽 | 값 25,000원

왜 그는 한국으로 돌아왔는가?
황선준 지음 | 364쪽 | 값 17,000원
2019세종도서교양부문

공간, 문화, 정치의 생태학
현광일 지음 | 232쪽 | 값 15,000원

인공지능 시대의 사회학적 상상력
홍승표 지음 | 260쪽 | 값 15,000원

동양사상과 인간 그리고 사회
이현지 지음 | 418쪽 | 값 21,000원

장자와 탈현대
정재걸 외 4인 지음 | 424쪽 | 값 21,000원

놀자선생의 놀이인문학
진용근 지음 | 380쪽 | 값18,000원

포스트 코로나 시대, 예술과 정치
현광일지음 | 288쪽 | 값 16,000원

좌우지간 인권이다
안경환 지음 | 288쪽 | 값 13,000원

민주시민교육
심성보 지음 | 544쪽 | 값 25,000원

민주시민을 위한 도덕교육
심성보 지음 | 500쪽 | 값 25,000원
2015 세종도서 학술부문

교과서 밖에서 배우는 인문학 공부
정은교 지음 | 280쪽 | 값 13,000원

오래된 미래교육
정재걸 지음 | 392쪽 | 값 18,000원

대한민국 의료혁명
전국보건의료산업노동조합 엮음 | 548쪽 | 값 25,000원

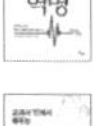
교과서 밖에서 배우는 고전 공부
정은교 지음 | 288쪽 | 값 14,000원

전체 안의 전체 사고 속의 사고
김우창의 인문학을 읽다
현광일 지음 | 320쪽 | 값 15,000원

카스트로, 종교를 말하다
피델 카스트로·프레이 베토 대담 | 조세종 옮김
420쪽 | 값 21,000원

일제강점기 한국철학
이태우 지음 | 448쪽 | 값 25,000원

한국 교육 제4의 길을 찾다
이길상 지음 | 400쪽 | 값 21,000원
2019세종도서학술부문

마을교육공동체 생태적 의미와 실천
김용련 지음 | 256쪽 | 값 15,000원

교육과정에서 왜 지식이 중요한가
심성보 지음 | 440쪽 | 값 23,000원

식물에게서 교육을 배우다
이차영 지음 | 260쪽 | 값 15,000원

왜 전태일인가
송필경 지음 | 236쪽 | 값17,000원

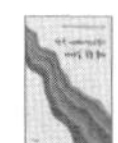
한국 세계시민교육이 나아갈 길을 묻다
유네스코태평양 국제이해교육원 지음 | 360쪽 | 값 18,000원

대한민국 대학혁명
대학무상화·대학평준화 추진본부 연구위원회 지음 | 240쪽 | 값 15,000원

코로나 시대, 마을교육공동체 운동과 생태적 교육학
심성보지음 | 280쪽 | 값 17,000원

평화샘 프로젝트 매뉴얼 시리즈 학교폭력에 대한 근본적인 예방과 대책을 찾는다

학교폭력 어떻게 만들어지는가
문재현 외 지음 | 300쪽 | 값 14,000원

학교폭력, 멈춰!
문재현 외 지음 | 348쪽 | 값 15,000원

왕따, 이렇게 해결할 수 있다
문재현 외 지음 | 236쪽 | 값 12,000원

젊은 부모를 위한 백만 년의 육아 슬기
문재현 지음 | 248쪽 | 값 13,000원

우리는 마을에 산다
유양우·신동명·김수동·문재현 지음 | 312쪽 | 값 15,000원

누가, 학교폭력 해결을 가로막는가?
문재현 외 지음 | 312쪽 | 값 15,000원

아이들을 살리는 동네
문재현·신동명·김수동 지음 | 204쪽 | 값 10,000원

평화! 행복한 학교의 시작
문재현 외 지음 | 252쪽 | 값 12,000원

마을에 배움의 길이 있다
문재현 지음 | 208쪽 | 값 10,000원

별자리, 인류의 이야기 주머니
문재현·문한뫼 지음 | 444쪽 | 값 20,000원

동생아, 우리 뭐 하고 놀까?
문재현 외 지음 | 280쪽 | 값 15,000원

코로나 19가 앞당긴 미래, 마을에서 찾는 배움길
문재현 외 5인 지음 | 308쪽 | 값 16,000원

남북이 하나 되는 두물머리 평화교육 분단 극복을 위한 치열한 배움과 실천을 만나다

10년 후 통일
정동영·지승호 지음 | 328쪽 | 값 15,000원

분단시대의 통일교육
성래운 지음 | 428쪽 | 값 18,000원

한반도 평화교육 어떻게 할 것인가
이기범 외 지음 | 252쪽 | 값 15,000원

선생님, 통일이 뭐예요?
정경호 지음 | 252쪽 | 값 13,000원

김창환 교수의 DMZ 지리 이야기
김창환 지음 | 264쪽 | 값 15,000원

포괄적 평화교육
베티 리어든 지음 | 강순원 옮김 | 252쪽 | 값 17,000원

창의적인 협력 수업을 지향하는 삶이 있는 국어 교실 우리말 글을 배우며 세상을 배운다

중학교 국어 수업 어떻게 할 것인가?
김미경 지음 | 340쪽 | 값 15,000원

토닥토닥 토론해요
명혜정·이명선·조선미 엮음 | 288쪽 | 값 15,000원

어린이와 시
오인태 지음 | 192쪽 | 값 12,000원

언어던
정은균 지음 | 268쪽 | 값 15,000원
2019 세종도서 교양부문

감각의 갱신, 화장하는 인민
남북문학예술연구회 | 380쪽 | 값 19,000원

토론의 숲에서 나를 만나다
명혜정 엮음 | 312쪽 | 값 15,000원

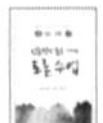
인문학의 숲을 거니는 토론 수업
순천국어교사모임 엮음 | 308쪽 | 값 15,000원

수업, 슬로리딩과 함께
박경숙 외 지음 | 268쪽 | 값 15,000원

민촌 이기영 평전
이성렬 지음 | 508쪽 | 값 20,000원

참된 삶과 **교육**에 관한 **생각** 줍기